卑弥呼の登場

後藤幸彦

明窓出版

プロローグ

時は弥生、所は高天《たかま》の原《はら》。

その最高神である天照大御神《あまてらすおおみかみ》がかくのごとく言い放った。

「豊葦原《とよあしはら》の千秋長五百秋《ちあきながいほあき》の水穂《みずほの》国は、我が御子正勝吾勝勝速日天忍穂耳命《まさかつあかつかちはやひあめのおしほみみの》の知らす国ぞ」

と言《こと》よさしたまいて天降《あまくだ》したまひき。

この一言が日本の歴史を大きく揺り動かす事となった。それまでの日本は、クニといわれる小さな集落が集まり、部族長のような人によって統率されており、それらは部族国家といわれ小地域に割拠していた。

そうした中から、更に勢力を拡大しようとするクニが現れるようになってきた。

その核の一つが高天の原と金印奴国《きんいんなこく》であった。その高天の原と金印奴国が倭国征服をめざして始めたのが、右の宣言であった。それ以来、倭国は混乱の大きな渦の中に巻き込まれることとなった。

高天の原は、日本の創世神話の舞台のひとつであり、創世の神である伊邪那岐《いざなぎ》、伊邪那美《いざなみ》の神が天照大御神に治めさせたところである。その高天の原に弟である須佐之男命《すさのをの》が現われたところから騒動が始まったのである。そしてこの姉弟の確執が高天の原を揺り動かすこととなった。

この事件にくい込んで来たのが、金印奴国の高木神《たかぎの》であった。高木神とは、天地初《あめつちはじ》めて発《ひら》けし時、高天の原に成れる三柱の神「天之御中主神《あめのみなかぬしの》」「高御産巣日神《たかみむすひの》」「神産巣日神《かみむすひの》」の一人である、「高御産巣日神」の別名でもあるという。つまり称号であると考えられる。ならば「天之御中主神」も「神産巣日神」も称号と考えられる。天之御中主神は高天の原を治める天照大御神の称号であり、神産巣日神は出雲《いずも》の国を治める王の称号なのである。

高御産巣日神の称号を持つ高木神の治める国こそ、金印奴国なのである。

金印奴国は、現吉野ケ里遺跡に都していた国であると私は考えているが、その吉野ケ里から田手川を遡る脊振《せふり》山中の高原にある国が高天の原である。魏志倭人伝では巳百支国《みひゃくき》として載っている国である。

この野心家でもある高木神にとって天石屋戸《あめのいわやと》事件は千載一遇のチャンスであった。この姉弟の争いにおける天照大御神の失態は、高木神のつけ入るところとなり、高天の原での実権は高木神の握るところとなった。そして、高木神の指し示す如く、天照大御神は前述の言を弄したのであった。

その結果、それまで高天の原、金印奴国、出雲の三地域がそれぞれ独立し三者鼎立であった倭国は、ここに大きな転換期を迎えることとなった。

高天の原とは神話上の存在であり、神々の行動は、非科学的な話として、古代人の空想の産物や後世史家の創作によるものと考えられるのが現在主流なのであるが、私はそのような神話が全て空想によって作り出されたものばかりとは思わない。神話には古代の人々が記憶した過去の事象が含まれているのであり、古代人が好んだような付加や装飾がなされているのであるが、それをもって創作であるとか、空想であるとか決めつけることはないと思う。

そういった装飾等を取り除いた中から、その事象の原型をみいだしていくことが必要である。その結果「記紀《きき》」「風土記《ふどき》」の神話群からも、過去の事象を引き出すことができると考える。

よって本書では、「記紀」「風土記」の神話群をも貴重な史料として扱っている。

古事記の神代紀《かみよき》の神話は、この天石屋戸事件のところで、ひとつの区切りとなるように思われる。つまり、これより前の部分の神話と後ろの部分の神話とでは、物語が別の展開をみせているのである。後の部分（天照大御神の宣言）からは、下界の話が中心となり、天孫《てんそん》が降臨《こうりん》するや、高天の原は雲散霧消するがごとく消え去り、天照大御神も高木神も天忍穂耳命《あめのおしほみみのみこと》もどうなったのか全く書かれていない。イザナギノ命、イザナミノ命は、その墓所がはっきりと書かれているのに天照大御神の墓は書かれていないのは不思議である。神は死ななくなったのであろうか。

そして、この部分から、物語は現実的な色彩を帯びることとなってくる。

天照大御神が「アメノオシホミミノ命の知らす国ぞ」とのたもうたわけは、次のように考えられる。

先に論じたように、イザナギ、イザナミの時代においては、後世のような制度的に支配するという国ではなく、クニグニが交流をしたり友邦として結束する程度の関係しかなかったようであり、夫婦であるイザナギ、イザナミの関係する高天の原と出雲は夫婦のような関係にあり、葦原中国《あしはらのなかつくに》（福岡市那珂《なか》川沿いの平野部）は双方が雑居するようなところであったと思われる。やがて出雲には大国主命《おおくにぬしのみこと》があらわれ、勢力圏を拡大し、葦原中国までもその勢力圏におくようになった。

金印奴国（とはいっても、まだ金印はもらっていないが）は高天の原の南隣に位置し、高天の原の神々とはかなり懇意にしており、金印奴国王である高木神の娘の萬幡豊秋津師比売《よろずはたとよあきづしひめ》は、天照大御神の子、アメノオシホミミノ命の妻となっている。そして、高天の原の支配権を手に入れた高木神は天照大御神を利用して葦原中国を手に入れようとする一方で、有明海沿岸から東へと支配地を広げ瀬戸内海全域をもその支配下においたものと思われる。

瀬戸内海沿岸諸国は、九州北部を拠点とするクニグニからの海賊行為に悩まされ、高地性集落を造ったのであるが、やがて海賊集団は内海のあちこちに住み着いたりするものもあらわれてきたが、全体を統括する国や人が現われぬ間に、金印奴国の支配下にはいった。

クニグニの間での争いしかみられなかった倭国に、本格的な戦いや国土の拡張、富の集約といった欲望の時代が始まったともいえる。

そうした中で、数々の国や人々がその混乱の中に巻き込まれていくこととなった。

本書は、それらを金印奴国の倭国統一の前後から卑弥呼の登場のころまでを、通史風に取り上げたものである。

これら上古の時代のことは、口誦で伝承されていったのではあるが、その多くが、ながい年月の間に一つまた一つと時代の渦に巻き込まれ、消え去っていく中で、奇跡的に残ったといえる口誦古文書遺物遺構が、わずかに当時の面影の残映をかいまみせてくれるだけである。

そういった古文書や遺物遺構を一つ一つ拾いあげ、つなぎあわせて、かつての歴史を組み立てて再現してみようというのである。その結果がどれだけ真実にせまることができるかわからないが、いま敢えて勇気をもってその謎に向かっていきたいと思う。

＊本書では、金印奴国とは邪馬壱《やまい》国のことであるとか、高天の原や邪馬台国の位置等説明なしですすんでいるが、これらのことについては、拙書「倭国歴訪」（明窓出版一九九九年発行）を参考にして欲しい。
＊「記紀」については、「古事記《こじき》」を主としてとりあげ、「日本書紀《にほんしょき》」を従とした。

卑弥呼の登場◎目次

第一章　出雲の国

第一節　神庭荒神谷《かんばこうじんだに》遺跡

一九八四年七月十二日　島根県斐川《ひかわ》町の広域農道建設予定地から大量の銅剣が発見された。その総数は358本に及び、これまで日本で発見された銅剣の総数約300本を上回る数で、しかも一ヶ所からまとまって発見された量としても最高である。

この発見の報は、考古学者、歴史学者にとっては、まさに青天の霹靂といってよいほどの事件であった。考古学の権威として著名な佐原真氏（国立歴史民俗博物館副館長・当時）は「その報に接した私は、自分の耳が信じられず、受話器を握ったまま絶句してしまった」という。

それほどの大事件だったのである。

これほど専門家を驚かせた原因は、一つはその量であり、もう一つは出雲という土地柄であった。出雲は神話の国として「古事記《こじき》」「日本書紀《にほんしょき》」「風土記《ふどき》」に登場しており、古代において独自の文化や世界を築いていたかのように思われるのだが、その証拠ともいうべき弥生期の遺跡遺物が九州や近畿に比べられるほどみつからず、いわば「お伽話の舞台としての国」の感がしていた。

しかし、この発見により、古代において出雲にも大きな国が存在していたとして大騒ぎになったのであった。
考古学者、歴史学者にとって、プロ、アマを問わず驚かせ興奮させる発掘等は荒神谷に留まらず岡田山古墳出土鉄刀、加茂岩倉銅鐸《かもいわくらどうたく》、そして鳥取県になるが、おなじ出雲文化圏の上淀廃寺《かみよどはいじ》壁画、妻木晩田《むきばんだ》遺跡とまさにたて続けといってよいほどの発見が続いたのであった。

その荒神谷遺跡には、二度でかけた。出雲への一度目の旅行の時は、JRの車窓から遠望してあの辺りだろうと思って通り過ぎただけであり、二度目の旅行の時は古代出雲文化展のシャトルバスに乗って見物に訪れた。当時はまだ出雲について研究するとは思っていなかったのである。遺跡は綺麗に整備された公園となっており、広々とした広場にレストハウスがある。標識に従って左手の蓮池の傍を通り奥へと進んでいくと、じきに左手に小さな谷があり、人々で賑わっていた。そこが銅剣の出土現場であった。銅剣は谷の斜面の中ほどにあるため、向かいの斜面に展望台が設けられ、目の前にみおろせるようになっていた。銅剣は勿論レプリカであるが、出土状態に忠実に再現されていた。三百五十八本の銅剣が青い色をうかべて、びっしりと隙間なく並んでいるのは壮観であった。そしてこの遺跡のすばらしさは、これが発見されたときのそのままの姿であるということである。

この遺跡は島根県の出雲地方の西半に位置し、簸川《ひかわ》郡斐川《ひかわ》町大字神庭字西谷《さいたに》の最奥部の小谷である。ここは「畑の奥」というのが通称であったが、近くに三宝荒神が祭ってあることから、この荒神が遺跡名とされることになったという。

この谷全体は、北へ向かって開けており、現代は出雲平野へと出るのであるが、当時は宍道湖《しんじこ》がもっと大きく西へ広がっており、湖に出るようになっていた。

湖が東へと移動した原因は斐川にある。この川は、出雲市近くを北上してきた川で、山陰本線の鉄橋から眺めると、川幅が大きく、赤い土砂の中を川がいく筋にも分かれてゆっくりと流れており、八俣《やまた》の大蛇《おろち》を連想させるものである。実際、この川の上流が八俣の大蛇退治の舞台でもある。宍道湖との標高差が小さいことから、川の水は蛇がのたうちまわるが如くうねって流れていく。この川は、元は出雲市付近から西へ向かって神戸《かんど》の水海《みずうみ》へとそそいでいたのであるが、江戸時代（一六三一年）の大洪水により流路を東に変え、宍道湖に注ぐこととなった。それから三百七十年を経て、湖の1/4を、運んできた土砂で埋めたてたのであった。

この新しい平野に向かって開いた小さな谷々の一つから、全国的に注目を集めることとなった遺跡が発見された。その発見発掘について、詳しく記録された本「日本の古代遺跡を掘る　3　荒神谷遺跡―三宅博士　田中義昭　読売新聞社発行」から略載してみる。

一九八三年に宍道湖南側の丘陵地帯を東西に貫通する広域農道建設が立案され、ルートが設定され、工事に先立ってルート内の遺跡の発掘調査が行われることとなった。

そこを調査することになったわけは、一片の須恵器《すえき》土器のカケラがみつかっていたからだという。もし、それがなかったら、遺跡は重機にひっかけられたかもしれないが、まさに無傷でみつかったのである。

かくして、一九八四年（昭和59年）七月十一日から、試掘調査が実施され、合計二〇カ所以上の試掘溝（トレンチ）が設定された。その一つに横穴のありそうな窪地を選んでおいたという。そこだけ立ち木や切り株がなく、若干斜面が窪んでいるようにみえるところだという。

翌十二日夕方、斜面の第八試掘溝から、銅剣が4、5本重なりあって横たわっているのが発見された。

あくる日は、激しい雨であったそうだが、その中で泥んこになりながら発掘が行われた。発掘範囲を広げるにつれて銅剣はその数を増していった。

銅剣は四列に分けて整然と並べられ、一列に約百本ずつとみられた。いずれも刃を立てて重ねるように並べている。そして各列の中央部分で若干のずれや隙間があるのが認められ、そこで各列での一つの区切りのようにみえた。但しA列（数が少ない）は一ブロックであり、全体は七ブロックに分けられている可能性があった。

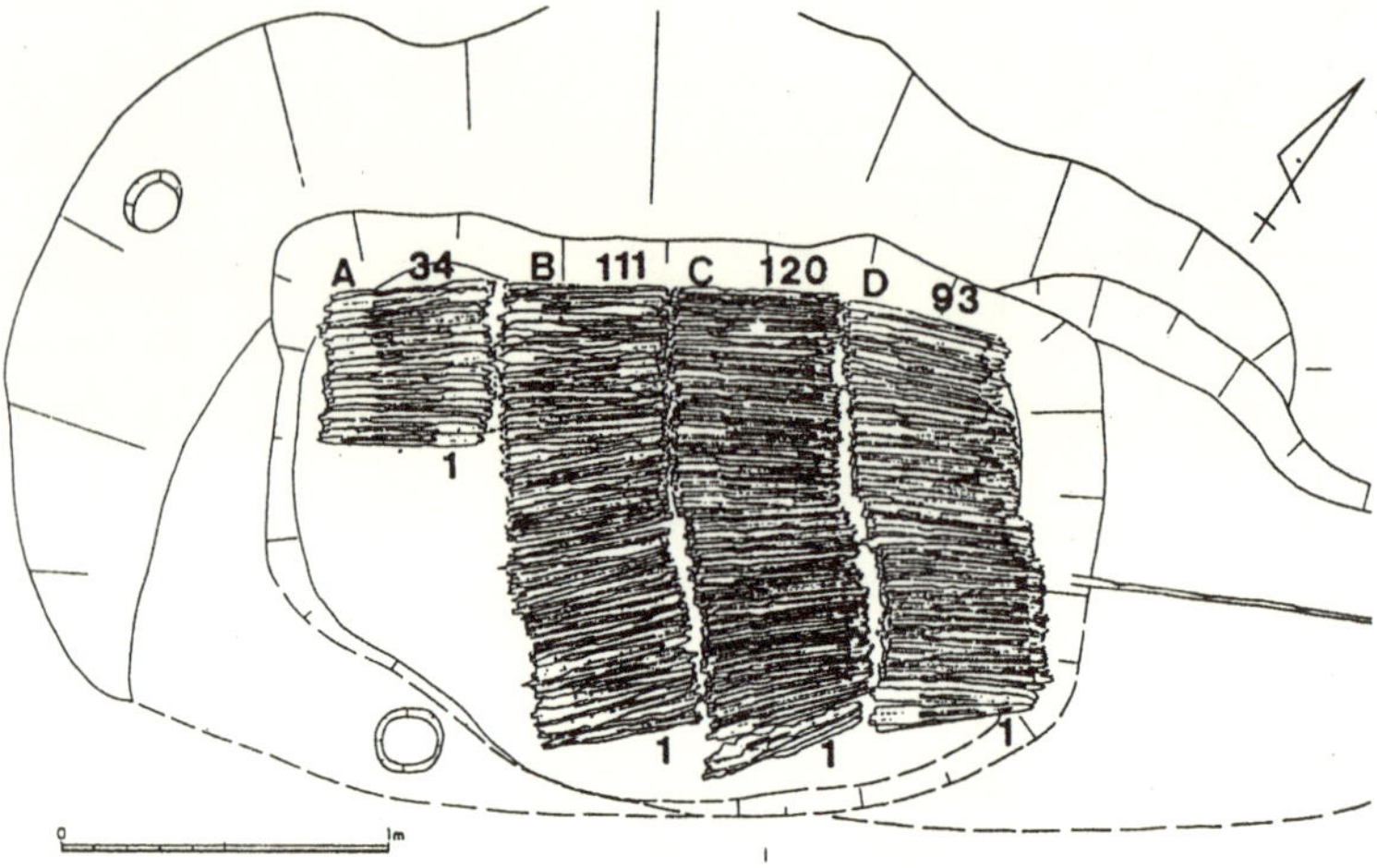

荒神谷遺跡　銅剣出土状態図（島根県教育委員会による）

四列の銅剣群の埋納坑は、東西の長さ二・六メートル×奥行き約一・五メートル×深さ奥壁で約四十センチである。

そして出土した銅剣は、整然と並べられていたと表現してあるように、バラバラの種類ではなく、皆同じ型と大きさの銅剣であった。銅剣の長さは五〇～五三センチ前後、重量は四〇〇～五〇〇グラムであった。

A列には三四本、B列には一一一本、C列には一二〇本、D列には九三本、合計、三百五十八本であった。

型は中細形《なかぼそがた》銅剣 c類と呼ばれるものであり、銅剣の中では大型の部類に属するものであった。

取り上げの様子は次のごとくである。

発掘の際、銅剣の直上を覆っている黄白色

粘質土を除去すると、この土の下には薄く黒褐色の土が認められた。土は、締まりのないふかふかの土である。よく観察すると、これは銅剣を埋納するとき布のような有機質のもので覆ったことを思わせた。後の調査でわかったが、銅剣の下には灰白色の粘土が敷き詰められており、黒褐色の土は存在しなかった。

つまり、粘土を敷いて、その上に銅剣を並べ置いた後、直接、埋め土をかけるのではなく、なにかで覆ったのである。

表土を全て取り去った後、一本一本取り上げる事となった。銅剣は青銅製で、腐食しにくいものであるが、二〇〇〇年近く湿った土中に埋まっていたために、非常に脆弱な状態であったという。取り上げが終了したのは、一週間後の八月三十日だった。

取り上げ作業の途中で、茎部《なかご》分にタガネによって「×」印が刻まれているのが発見された。取り上げられた銅剣は、全て松江市にある島根県立博物館の収蔵庫へ収納された。

調査はまだ終わったわけではないが、島根県教育委員会は早々に公開することに決め、まず斐川町中央公民館で公開された。つづいて、島根県立博物館で速報展として公開し、一方、各シンポジウムが数多く開かれ、多くの人々が押し寄せた。その間発掘以来、マスコミは大々的に報道し、有識者のコメントをのせていった。地元出雲のみならず、全国を興奮の渦にまきこんだといってよかった。

その後、一九八五年（昭和六〇年）六月、第二次発掘調査が開始され、電気探査が行なわれ、探査方法は①地下レーダー　②ＥＭ３８（浅部電磁法探査装置）③メタルロケーター（金属探知機）の三種の方法を併用しておこなわれ、驚くことに、銅剣が出土した同じ斜面のすぐ右手東方約七メートルの地点から、銅鐸《どうたく》六個と銅矛《どうほこ》十六本が出土したのである。銅鐸と銅矛が一緒に出土したのは初めてであったという。

以上で発掘は終わったのであるが、この発掘が専門家にとってどれほどの衝撃的なことであるかは、三宅博士氏が次のように語っている。

「このように孤立して埋められ、偶然発見される青銅器は、つねに青銅器研究上の難点を伴っている。偶然の発見には考古学者が立ち会えるわけではないから、出土状態を示す重要なデータの詳細は、地層はもとより、方向、埋め方など、なに一つ記録されないのである。これでは廃棄されたものか埋納されたものかさえわからないし、弥生時代の青銅器の埋納のパターンを正確に把握することは困難であった。

いま、目の前に、千載一遇の偶然が起きている。その弥生時代青銅器・銅剣が、手つかずの状態で埋まっている。そしてわたしたちは発掘史上はじめて、発見のはじまりから発掘調査の一部始終を、自らの目で観察する機会に遭遇したのである。武者ぶるいするような待望久しい発掘であった。さらに、二百本をこえそうな信じられない数量は、これまで知られるどの遺跡よりも、

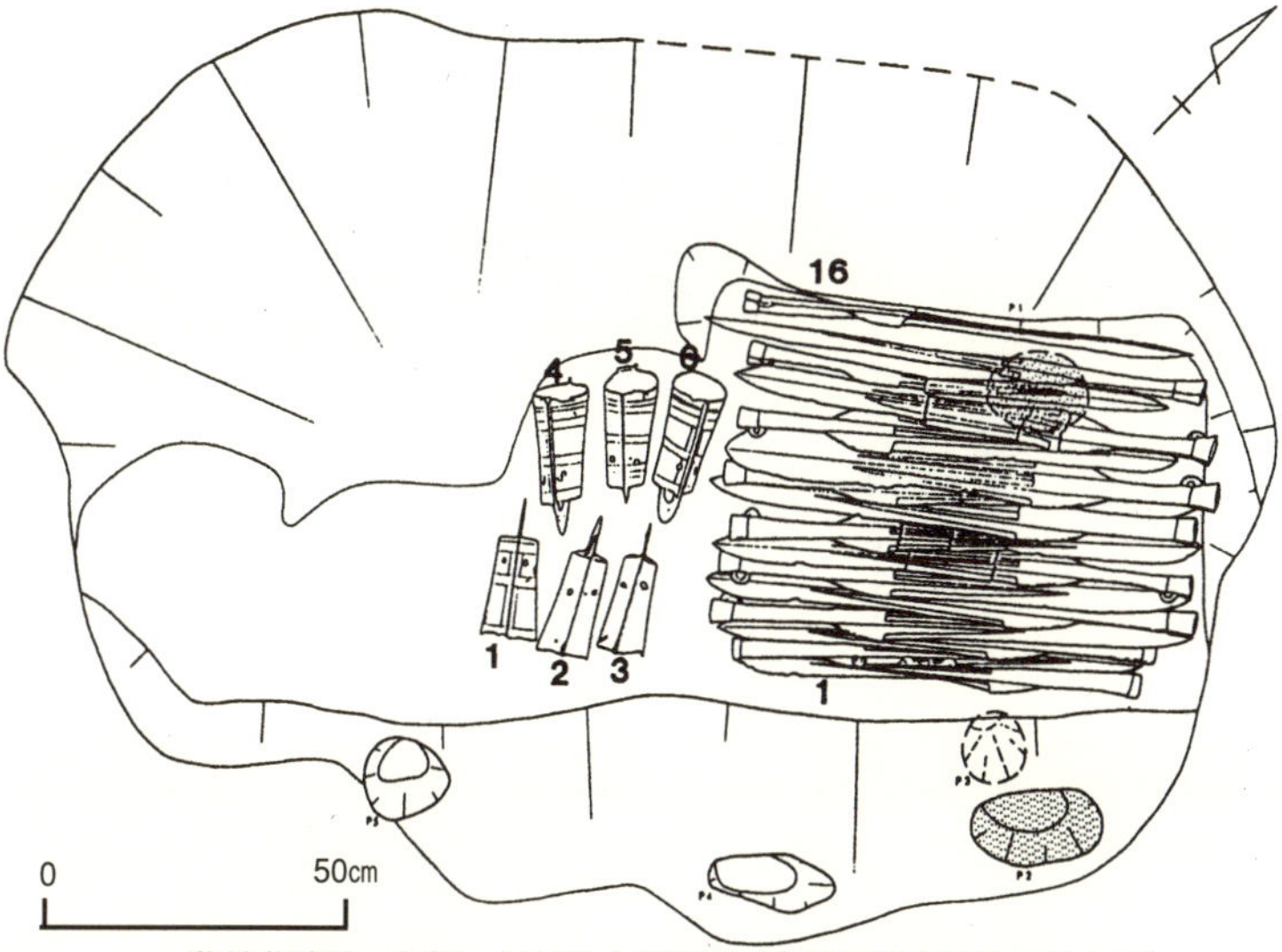

荒神谷遺跡　銅鐸・銅矛出土状態図（島根県教育委員会による）

埋まっている数の多いことは間違いない。空前であり、たぶん絶後のことであろう。」まさに発掘者の興奮が直に伝わってくるようである。

このような考古学的発見は極めて希有なのである。

次に銅剣について述べてみたい。

銅剣の形式であるが、銅剣は弥生時代の中で時代と共に変遷した。もともとは朝鮮半島から流入してきたものであり、初めは武器として実用的であり、それに近い物が製造されたが、しだいに大型化し、武器として役にたたないような物が作られるようになってきた。

初期の銅剣は細形《ほそがた》銅剣と呼ばれ、長さ

も三十cm位のもので刃巾も狭いものであった。次に中細形《なかほそがた》銅剣と称される、長さも長くなり身幅も広くなってきている。中細形はa類32～37cm　b類40～46cm　c類48～54cmと長さによって区分されている。荒神谷の銅剣はこのうちの中細型銅剣c類とされている。次に更に身幅が広くなり、中広形《なかひろがた》となる。更に平形《ひらがた》銅剣という型もあるが平形ともなると、初めの銅剣と違った外形となってしまっている。

岩永省三氏は、武器としての機能を果たすのにふさわしいものを古く、そのような機能が減ってきたものを新しく考えるべきだという。そして、銅剣の型式変化の流れには、次のようなふたつの可能性が考えられることを示された。

1　中細a類→中細b類→中細c類→中広

2　中細a類→中細b類→中細c類
　　　　　　　　　　└→中広

また九州における青銅器の生産は、弥生時代の中期初頭ないし前半であることが明らかにされてきたのに対し、岩永氏は、前期末～中期前半の可能性を示唆されている。

「銅剣のもっとも実用から遠のいてしまった平形銅剣は、瀬戸内海沿岸部を中心に分布する。そして、岡山県の弥生時代後期の上東式といわれる土器が盛んに使用される時期には、この土器が分布する範囲には銅鐸は認められるものの、平形銅剣は排除されてしまうという例を紹介された。このことは、弥生時代の終わりを待たずに、つまり古墳時代の到来以前に、銅剣は姿を消す。そして、銅鐸の終焉が若干遅かったらしい。」という。

つまり、荒神谷の銅剣は、銅剣の中でも新しい型に属するということである。そして、それは銅剣の最終段階とも考えることができる。

これら荒神谷の出土品のうち、銅剣は一九八五年（昭和60年）六月六日、銅鐸および銅矛は一九八七年（昭和62年）六月六日それぞれ重要文化財に指定されている。後に国宝に指定されている。また遺跡の方は、一九八六年（昭和61年）一月八日に史跡指定をうけ、青銅器埋納遺跡として、一九九〇年（平成2年）十二月八日に復元遺跡として開場し、野外展示が行なわれている。あたりは前述のように史跡公園として綺麗に整備されている。

そして銅剣発掘から十二年後の一九九六年十月、今度はそこから数ｋｍしかはなれていない加茂岩倉から、銅鐸が三九個まとまって発見され、再び人々を仰天させたのであった。

では、これほどの銅剣は、どこで誰によって何の目的で作られ埋納されたのであろうか。

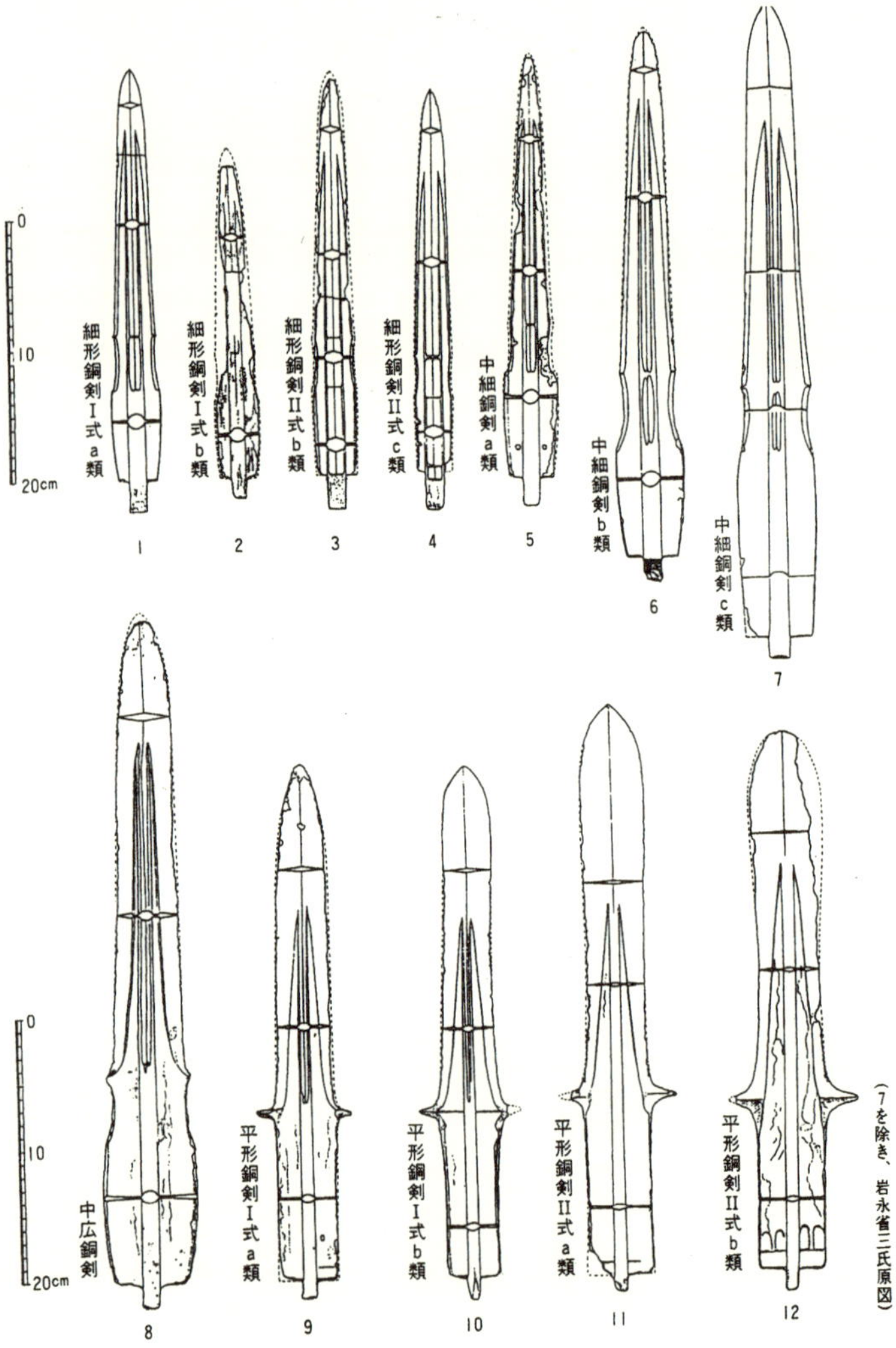

銅剣の型式変還（荒神谷遺跡　読売新聞社）

第二節　出雲の国

出雲王朝

前に書いたように、出雲・山陰地方へは三度行ったことがある。元々が九州中心の古代史研究であったので、出雲は関係ないと思っていたのが正直なところであった。卑弥呼《ひみこ》の時代の九州だけならそれでもよかったのであるが、研究対象の年代の幅が広がるにつれて、出雲の古代の世界へと踏み込むこととなった。

「古事記《こじき》」をみても、神代紀《かみよき》の三分の一は出雲の神話で占められている。「古事記・日本書紀《にほんしょき》」（記紀）は九州中心の神話である筈なのに、これほどの分量を出雲神話が占めているのには、出雲が特別扱いされるよほどの理由が背景にあったのであろう。

古代において、ひとつの文化圏を形成していたと考えられる瀬戸内地方については、国生《くにう》みの神話のときに地名が出てくるだけで、その後は神武《じんむ》の東征《とうせい》まで消息不明である。

出雲が現代までその伝承を残しえたのは、後にくわしく述べるが、「記紀」と「風土記《ふどき》」のたまものである。そうでありながら、「記紀」の中心である九州と出雲は決して友好な関係とはいえなかったのである。そして歴史は一方の悲劇的結末を伝えている。

出雲というと、神話の国といわれ、古代では、「古事記」「日本書紀」「風土記」や各地の伝承に神話として豊富にあらわれ、そこには高天《たかま》の原《はら》に匹敵する、または対抗するほどの王朝があったが如く語られている国である。

ところが、それを裏づけるような物的証拠、弥生遺跡が存在しないとされていた。

戦後、神話は歴史ではないとされ、弥生遺跡も少ないことから、出雲の古代は闇の中へと葬られたのであった。

水野祐氏は「古代の出雲」(吉川弘文館)の中で、

「伝承によると、出雲国家は人々がよく言うように、すでに信濃や越後などの裏日本から、更には東国一帯にかけて、その統制下に収めていたように解釈されている。こういう解釈をとればそれはきわめて強大な統一国家の成立を意味することになろう。強大な統一国家の成立には、それにふさわしい政治的、社会的、経済的、文化的諸条件が整っていなければならないが、その点

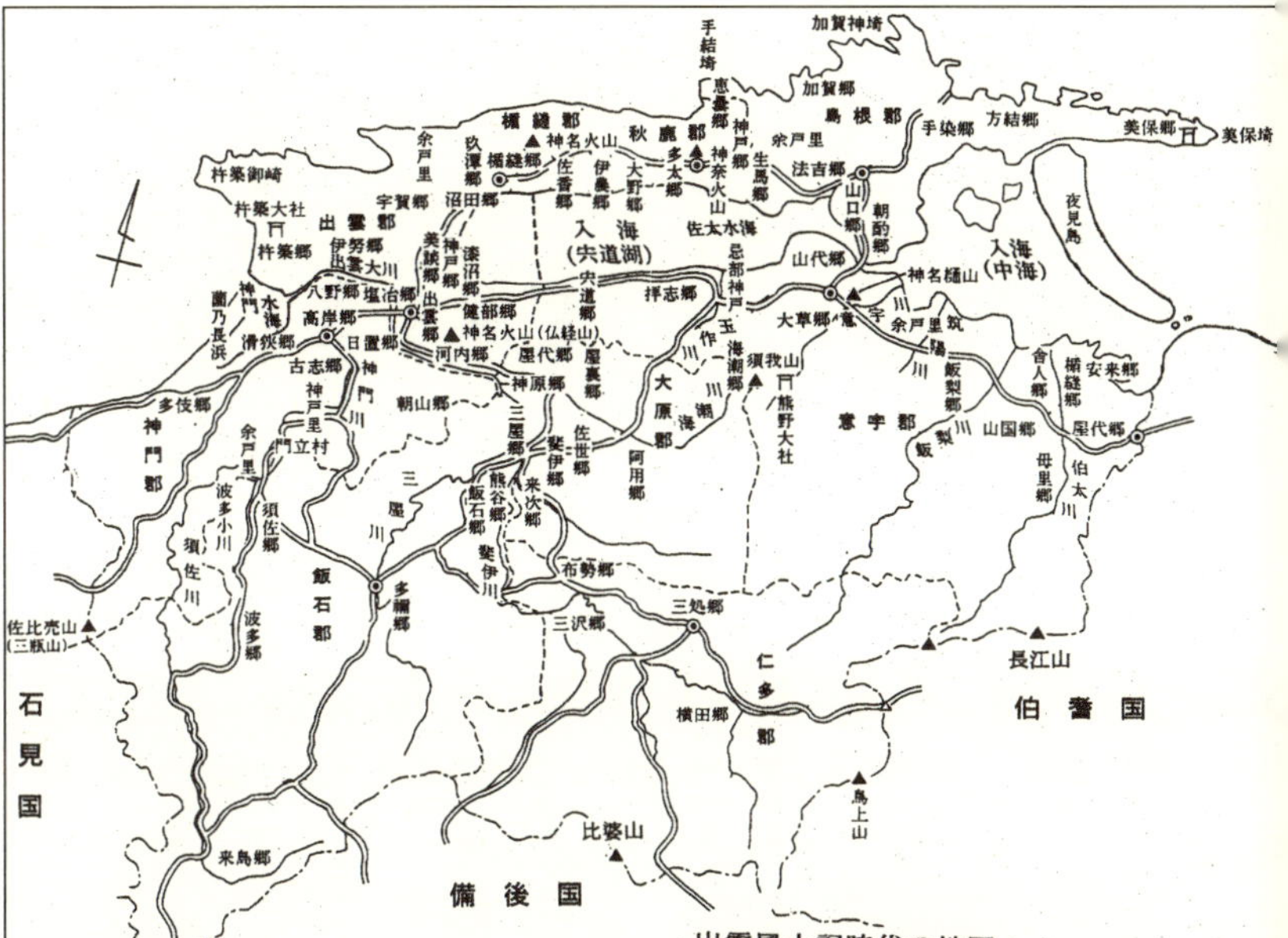

出雲風土記時代の地図
(検証古代の出雲　学習研究社より作成)

からすると大和国家の成立以前において、はるかに大和国家を凌駕するような強大な国家の成立を示唆するに足りる条件は、何一つとして、日本列島の中には整っていなかったと判断せざるを得ない。」とのべている。

まさにこれが、一九八四年までの学界の定説であった。

それが一九八四年の島根県松江市南方の岡田山一号墳からの鉄剣出土以来、神庭荒神谷《かんばこうじんだに》の銅剣発掘、加茂岩倉《かもいわくら》の銅鐸《どうたく》発掘と記録的、いや信じられないような発見、発掘が続き、更に隣の鳥取県伯耆《ほうき》の国の上淀廃寺《かみよどはいじ》壁画、そして、かの吉野ケ里を面積的に上回る妻木晩田《むきばんだ》遺跡の発掘とたて続けといってよいほどの発見が相次いだ。

その結果、出雲は神話のみならず、それを裏付ける遺跡も存在するとして、古代日本において重要な位置を占めるのではないかと考えられるようになってきた。荒神谷の発見以来、出雲関係の書物は、考古学的著作から始まり、古代史家、超古代史家の著作も相次ぐこととなった。

ただ出雲関係の著作の中には、他の地域の古代文化の著作と異なる傾向を持つ書物もみられる。「古代出雲帝国の謎（武智鉄二）祥伝社」「謎の出雲帝国（吉田大洋）徳間書店」「古代出雲王朝は存在したか（松本清張）山陰中央新報社」「縄文国家＝出雲王朝の謎（関裕二）徳間書店」「出雲族の声なき絶叫（朴炳植）新泉社」等。

ここに表れているのは、出雲にはかつて華やかな王朝があったということ、そしてそれが外敵に滅ぼされたこと、そしてそこには悲劇があるという、日本人に好まれる亡びの美学をみているのである。

果たして古代の出雲地方に王朝が存在したのであろうか。だとすれば、それはどのような興亡を辿ったのであろうか。誰が登場し何をして何を残して消えていったのか。これらを埋もれた遺跡や遺物、人々の間に伝えられた昔話と、古代に書き留められた書。それぞれ本当に僅かな残された資料を集め、一つ一つ継ぎ合わせて、当時の世界を浮かび上がらせてみるしかないのである。

そうしたとき、古代出雲の世界をどこまで再現できるのだろうか。

古事記の中の出雲

まず出雲の出来事について「古事記」を中心に読みすすめてみたい。

本来、「出雲」というと島根県東部の地域を指すのであるが、古代出雲研究では、右の範囲だけでなく、出雲を中心とした文化圏、もしくは勢力圏としてつかわれている。

出雲の文献上の初現は「古事記」の神代紀《かみよき》である。神代の時代の出雲を「古事記」にそって説明していくと次のようになる。

まず初めに高天の原に成れる神は、天之御中主《あめのみなかぬしの》神、次に高御産巣日《たかみむすひめ》神、次に神産巣日《かみむすひの》神であった。神代七代が生まれ、その最後の二神が伊邪那岐《いざなぎの》神と伊邪那美《いざなみの》神であり、この二神は合わせて一代となす。よってこの二神は夫婦とされる。伊邪那岐神が男神で伊邪那美神が女神である。

伊邪那岐、伊邪那美の二神は、まず国生《くにう》みを始めた。

生まれた国は「淡路《あはじの》島（兵庫県）」「二名《ふたなの》島（愛媛県）」「三子《みつごの》島（隠岐島）」「筑紫《つくしの》島（九州）」「伊岐《いきの》島（壱岐島）」「津《つ》島（対馬島）」「佐渡《さどの》島（新潟県）」「大倭豊秋津《おほやまととよあきづ》島（本州島）」

以上を大八島《おほやしま》という。

その後、「吉備児島《きびのこ》（岡山県）」「小豆島《あづきじま》（香川県）」「大島（広島県?）」「女島《ひめじま》（大分県）」「知訶島《ちかの》（長崎県）」「両児島《ふたごの》（長崎県）」となっているが、出雲は出てこない。が、属していると考えられるのは「大倭豊秋津島」である。

しかしこの大倭豊秋津島＝本州島説には、近年強力な異論があらわれた。在野の研究家であった古田武彦氏は、昭和五十年「盗まれた神話」において、大分県別府《べっぷ》湾岸に安岐町、安岐川があることから、豊秋津島とは、豊＝大分県、秋津＝別府湾、であるとした。そうすると、国生みの中に出雲は入っていないことになるが、日本書紀の国生みの中の一書では、「越洲《こしのしま》」「大洲《おおしま》」がでてきており、「越洲」は「越の国（新潟県）」であり、「大洲」は「大の国」であって、島根県大田市であるという。とすると、「大洲」は出雲の圏内と考えられる。

話を次に進めよう。伊邪那美命が次々と神々を生んだ後、やがて火の神である迦具土《かぐつちの》神を生んだが、そのために伊邪那美命は火傷を負い死んだという。そこでそのなきがらを、出雲国と伯耆《ほうき》国の境の比婆《ひば》の山に葬ったという。ここで初めて出雲という名が登場する。墓所として。何の必然性もなく。何故比婆山が選ばれたのか全く書かれていない。

その後、伊邪那岐命は伊邪那美命に会おうとして黄泉国（ヨミの国、ヨモツ国）に行ったとある。

伝承や地名から、この国は出雲東部と伯耆国の西部を合わせた地域を指していると思われる。(鳥取県西端の弓の浜はヨミノ浜の転訛である)。

その黄泉国《よもつ》に伊邪那美命は移住し黄泉津大神《よもつおおかみ》となった。

ただ、ここでの伊邪那美命は絶対君主ではなかったようである。伊邪那岐命が「吾《あれ》と汝《いまし》と作れる国、いまだ作りおえず。故《かれ》、還るべし。」と言った時、伊邪那美命は「故、還らむと欲ふを、且《しば》く黄泉神と相論《あげつら》はむ。」と答えている。ここで黄泉神と相談するというのである。

伊邪那美命は黄泉神を生んではいない。つまり、伊邪那岐命、伊邪那美命の勢力圏外の神なのである。

この黄泉国は、神話では死者の行く国となっており、鳥取県西部から島根県東部一帯を指し、西界は黄泉比良坂《よもつひらさか》である。またの名を伊賦夜坂《いふやさか》という。現に島根県東部にその名のついた坂がある。

あれこれ考えうるに、もともと出雲の国とは、高天の原からは別個の独立した国であったと考えられる。しかも、かなり大きな勢力を有した国家だと考えられるのである。

話を進めよう。

伊邪那岐命が黄泉国から逃げ帰り、橘《たちばな》の小門《をど》の阿波岐原《あはぎはら》で禊《みそ》ぎはらいをした時生まれた子の一人、建速須佐之男命《たけはやすさのをのみこと》は、海を治めるように命ぜられたが、泣いてばかりで治めようとしなかった。

そこで伊邪那岐命が「なぜ泣いているのか」と聞くと、須佐之男《すさのをの》命は「僕《あ》は、母の国、根《ね》の堅洲《かたす》国に行きたいと思って泣いているのだ。」と答えた。（ここで不思議なのは、古事記では須佐之男命〈天照大御神と月読命の二人も〉には、母がいない筈なのである。なぜなら三貴子は、伊邪那岐命が顔を洗った時に生じた子供なのであるからである。しかし書紀では伊邪那美命が産んでいる。）そこで伊邪那岐命は須佐之男をその任地から追放した。

追放された須佐之男命は、姉の天照大御神に挨拶してから行こうと思い、高天の原へと登っていった。そこで誓《うけ》いをして、勝利し、勝ち誇った須佐之男命は乱暴狼藉を繰り返したため、天照大御神の石屋戸《いわやと》隠れとなってしまった。

その騒動のあと、須佐之男命は追放されたのであるが、その着いた先が母の住む出雲国の肥の河上《かわかみ》の鳥髪《とりかみ》というところである。（斐伊《ひい》川の上流の船通山《せんつうざん》にあたる）。

そこで須佐之男命は、八俣《やまた》の大蛇《おろち》退治を行い、出雲の須賀《すが》（須我）の地に宮を造り、国神を家来にして住んだという。そしてその子、又は五代後が大国主《おおくにぬしの》命である。

出雲は死者の行く国、追放された者の行く国というイメージが生まれたのは、こうした諸々のことからであろうか。

建速須佐之男命が高天の原から罪人として追放された身分でありながら、出雲の国神からは、格別の待遇を受けたのは、単に八俣の大蛇退治を行なったばかりとは言えないように思われる。高天の原のほうが、出雲より格が上であるように描かれている。つまり高天の原出身者は、貴種としての待遇がみられるのである。現代では、家柄や出身はそれほど重要ではなくなっているが、古代には各自の出自がかなり問われ、待遇がまるで異なったものであることがうかがわれる。

出雲の国譲り

ついで古事記では、大国主命《おおくにぬしの》についての逸話が載せられているが、それらは後述することにして、先に国譲りについてへと話を進めたい。

大国主命が支配していた国の範囲について調べてみると、北は新潟県から南は福岡県までの日本海沿岸一帯、そして近畿地方である。

一方の高天の原の勢力圏であるが、国生みのところでみたように、神代の古い時代には、東は淡路島から瀬戸内海一帯、四国、九州およびその周りの島々、佐渡ケ島、隠岐の島である。そして北部九州がその拠点である。

しかし後には、瀬戸内海や日本海側は、その勢力を保持することができなくなったようである。

九州においては、北部海岸地方は、海原を治めるようにいわれた須佐之男命の領分であったと考えられるが、高天の原の石屋戸事件以来追放され、高天の原の領分となったことになる。もっとも須佐之男命自体、高天の原の系統なのであるが。その後、大国主命の隆盛とともに、その勢力圏に組み込まれていったとみてよい。

もっとも、高天の原と出雲は、元々ははっきりとした境があるわけではなく、いってみれば伊邪那岐伊邪那美のような夫婦の関係みたいなものであったが、次第に出雲の勢力が拡大してきたものとみてよい。

その出雲の勢力拡大を阻止し、自国の領土、勢力を拡大しようとしたのが、金印奴国《きんいんなこく》（委奴国《いとこく》）の王である高木神《たかぎのかみ》であった。彼は高天の原の実権を握ると同時に、天照大御神をもって葦原中国《あしはらのなかつくに》の奪還宣言をさせたのである。そこで高天の原の神々は、大国主命と交渉するために、天照大御神の次男である天菩比神《あめのほひのかみ》を遣わすこととなった。しかし彼は、大国主命に媚びへつらって復命しなかった。そこで次に、天若日子を遣わしたが、彼もまた大国主命の娘、下照姫《したてるひめ》を娶ってやはり復命しなかった。

そこで雉《きざし》の鳴女《なきめ》を遣わして理由を問い正させたところ（雉の鳴女は、天若日子の門の湯津楓《ゆつかつら》の木の上で問うた）天若日子は雉を射殺し、その矢は雉を貫いて、高天の原の天照大御神、高木神の前に落ちたという。そこで高木神が、その矢を投げ返したところ、矢は朝寝をしていた天若日子の胸に当たって死んだという。

　そこで下照比売や天若日子の父の天津国玉神《あまつくにたまの》らが喪屋《もや》を作って弔いをした。そこに阿遅志貴高日子根神《あぢしきたかひこねの》が弔いにやってきたところ、彼は、天若日子に瓜二つであったため、生き返ったと間違われたことに怒り、神度剣《かんどのつるぎ》で喪屋を切り伏せ、けとばしたという。

　シタテルヒメは、大国主命と胸形《むなかた》（宗像）の奥津宮に座す多紀理毘売命《たきりひめ》（アマテラス大御神とスサノヲノ命との誓《うけ》いの時に、スサノヲノ命の十拳剣《とつかつるぎ》から生まれた三女神のうちの長女である）の娘である。つまりスサノヲノ命の孫にあたる。アメノワカヒコの友、アジシキタカヒネコ神はシタテルヒメの実の兄弟である。

　これらの話をまとめると、タキリヒメ命は北部九州の宗像に住んでいた。シタテルヒメの神社は、福岡市の博多駅の近くにある。雉の矢の事件からみると、湯津楓と高天の原は、近い感がある。湯津とは、古事記注には、ざわざわ騒がしいこととあるが、温泉場のことをいうともみれる。前著でも、湯津岩村とは熊の川温泉のことらしいとした。

　そうすると、これらは福岡市域の那珂川沿いで起こった事件とみられる。湯津楓とは二日市《ふつかいち》温泉のことで、アメノワカヒコは朝風呂につかったあと、寝そべっていたところを暗殺されたものと考えられる。

　ひかえてアメノホヒノ命が何事もなかったのは、おそらく出雲の国におり、連絡等の手段がとりにくかったことと、何よりも使者を殺したりしなかったからである。

アジシキタカヒコネノ神が持っていた神度剣《かんどのつるぎ》とは、神門剣《かんどのつるぎ》のことで西出雲の神門《かんど》の地名にちなんだ剣である。

かような騒動の後、高天の原は直接軍事行動を起こすこととなり、建御雷之男神《たけみかづちのをのかみ》と天鳥船《あめのとりふねの》神の二神に軍勢を托し、直接出雲へと派遣した。

二神は、出雲の伊那佐小浜《いなさのおばま》（稲佐浜《いなさのはま》）に来て、軍事力をもって威嚇し国を譲るように交渉した。大国主命は、自らは隠退の身であるとして二人の息子にその回答を聞くように求めた。息子の一人の事代主《ことしろぬしの》神は、美保崎で釣りをしていたが、話を聞き受諾、悲観して入水自殺をした。もう一人の建御名方神《たけみなかたの》は、承服せず争ったが敗れ、洲羽《すわ》の海（諏訪湖《すわ》）へ落ちのびていき、そこで降伏。

大国主命は、争いをすれば、民に害が及ぶことを考えて承諾することとなった。

そして、

「この葦原中国《あしはらのなかつくに》は、命のままに既に献らむ。ただ僕《あ》が住所《すみか》をば、天つ神の御子の天津日継《あまつひつぎ》知らしめす、とだる天《あま》の御巣《みす》なして底《そこ》つ石根《いはね》に宮柱《みやばしや》ふとりし、高天の原に氷木《ひぎ》たかしりて治《をさ》めたまはば僕《あ》は百足《ももた》らず八十《やそ》坰手《くまで》に隠《かく》りて侍《さむら》ひなむ。」といい、多芸志小浜《たぎしのおばま》に宮をつくり、そこに住むこととなった。それが現在の出雲大社である。大国主命は、かくして天高くそびえる社の中に閉じこもることとなった。

こう書いてくると、わりと平穏無事に事は終わったかのようにみえるのであるが、実態はそうとはいかなかったようである。

大国主命の息子である事代主神は、乗っていた「船を踏み傾けて、天《あま》の逆手《さかて》を青柴垣《あをふしかき》に打ち成して隠りき。」、つまり自殺したというのである。勿論、憤慨しての抗議の自殺である。

そして現地の美保の関の美保神社では、春先に右のようなストーリーで海の中に進んでいく事代主命を人々が嘆き悲しむ様子が神楽《かぐら》となって残っているという。

これは美保神社の青柴垣《あおふしかき》の神事といわれ、まず四月六日に前夜祭が行なわれ、神社の境内に松明が焚かれ、拝殿にて鈴を持った巫女が、物悲しい太鼓と笛の音に合わせて巫女舞を舞う。あくる七日の朝、コトシロヌシの代わりの二人の頭屋《とうや》神主が、二そうずつくくりつけた二組の神事用船に乗り移る。船には板を渡して台のようにし、四角の天幕を張り巡らし、その天幕の四隅の柱に榊の青枝葉を束にして結びつける。この天幕の中でコトシロヌシの入水の場面が演じられるというのである。

また、出雲が、高天の原の支配下に入った段階で、次のようなことが起こったという。

『つぎは（出雲大社の）末社であるが、これは二一社もあり、その多くは氏社であり、出雲族の祖先を祀った神社であって、いずれもオオクニヌシの腹心である。その中の一つが出雲井神社であるが、この神社の祭神について「出雲問答」から引こう。

「出雲路社ともいひて、祭神は岐神《くかとのかみ》なり。この神は大神の国譲りのときに、吾に代りて（天孫に仕へ奉るべしとて、天神《あまつかみ》のお使ひに奨め給ひし故に、御使の神は、この岐神を郷導《みちびき》として天下を巡回し給ひて、共に鎮撫に力を尽し給える神なり。」

これによると、この神は天孫族の宣撫工作の先導役であったことになるが、出雲王朝の神集いで、毎年のように顔を合わせていた各地の国つ神に帰順を呼びかける役目であるから、たいへん損な役割であった。ところが、天孫族の宣撫担当者は、各地の国つ神を恰も降伏者を遇するが如く非礼の扱いをした。

そこでたまりかねたこの神は、この宣撫工作隊の隊長の目のまえで抗議の自殺を遂げたという。その場所は出雲大社の裏手にある稲佐浜であったが、この岐神の末裔が現存している。

それは、もとサンケイ新聞の編集局次長として鳴らしたことのある、富當雄《とみまさお》氏である。この富家の先祖を祭った富神社というのは、島根県簸川郡富村（旧名）に現存しているが、この富當雄氏の述懐談が女性週刊誌「女性自身」に掲載された。それによると當雄氏は一六才のころ父から秘中の秘だといって重大な事実をきかされたのだという。それは出雲王朝の政権が円満授受されたのではなく、天孫族によって奪取されたものだという事実であった。これは「古事記」の記載がいつわりだということで、天孫族を不倶戴天の仇敵とした富家の遠祖は、代々このことを口伝《くでん》することになっていた。

富家の歴史は、屈辱この上もないものであった。このことを氏は、吉田大洋氏にうちあけているのであるが、その詳細は、吉田大洋著『謎の出雲帝国―天孫一族に虐殺された出雲神族の怒り（徳間書店）』にのべられている。』（出雲王朝は実在した　安達巌著　新泉社）

吉田大洋氏が富氏から聞いた出雲神族の歴史はこういう。

「この世界が、一夜にして氷の山になった。大祖先であるクナトノ大神は、その難を避けるため一族を引き連れて移動を始めた。東の彼方から氷の山を超え、海沿いに歩いた。そうして何代もかかって、ようやくたどりついたのが出雲の地であった。」

こう書いてくると、なにか東日流外三郡誌《つがるそとさんぐんし》でも読んでいるような気分である。話が脇にそれてきたが、つまり出雲側は戦いに敗けた降伏者として扱われたというのである。

また、「日本書紀」神代紀に、

「そこで二神は、もろもろの従わない神たちを誅せられ―あるいはいう、二神は邪神や草木、石に至るまで皆平げられた。従わないのは、星の神の香香背男《かかせお》だけとなった。そこで建葉槌命《たけはつちのみこと》を遣わして服させた。そこで二神は天に上がられたという。―そして復命された。」

大国主命は、国を譲ったが、高天の原の軍勢は出雲のみならず、山陰一帯から遠く近畿地方までも、従わない者たちの討伐を行ったようなのである。これらからみると、大国主命の治下であったクニグニの高天の原への反発はかなり激しいものがあったようである。

「珍説奇説の邪馬台国（岩田一平著、講談社刊）」の中で淀江町教育委員会の岩田文章氏は、岩田一平氏を妻木晩田《むきばんだ》遺跡に案内してこう言う。

「妻木晩田遺跡群に人びとがあがってきたのは、一世紀ごろのことです。人びとは妻木晩田の丘陵に隠れ住んだ。ちょうどこのころ山陰地方のあちこちでいっせいに低地から丘陵地帯に遺跡が移動する現象が起きているようなのです。」

前拙著で私は、国譲りはAD五〇年頃（一世紀中頃）のことであり、これが倭国統一のことで、その結果、委奴国王は漢の皇帝から金印「漢倭奴国王印《かんのいとこくおういん》」を拝受したとしたが、ちょうどこの頃妻木晩田をはじめ山陰地方のあちこちで、高地に住居を移動させた時期と重なる。高天の原軍による討伐のため、低地の居住地を破壊され、人々は高地に逃げ込んだのであろうか。

高天の原の軍勢の前に、人々は逃げまどい隠れ住むだけだったようにもみえる。恐怖は一時的なものではなく、軍勢が去ったあとも人々は容易に山を下りようとはしなかった。

出雲大社

高天の原に国譲りをした大国主命は、約束通り大社を造り、そこに隠れ住むこととなった。場所は西出雲の宇迦の山の麓の杵築《きづき》（多芸志《たぎし》の小浜《おばま》）である。（他に出雲市武志《たけし》町説がある―季刊邪馬台国62号）。今でこそ、山を背に豊かな平野を前にした居ごこちのよさそうな所であるが、当時は南に神戸《かんど》の水海《みずうみ》があり、その中にのびた砂州の根元にあたるところであった。出雲大社の現存するところがそれにあたると思われる。出雲大社は、昔は杵築大社《きづきたいしゃ》とも呼ばれ、日本国中でもっとも古い大社であった。「延喜式《えんぎしき》」にのっている神社の中で唯一「大社」と記された。神代の昔から島根半島の西端で弥山のふもと、大社町に雄々しく鎮座している。

「出雲風土記」にも「八束水臣津野命《やつかみずおみつぬの》国引き給ひし後、天《あめ》の下造《したつく》らしし大神（大国主命）の宮奉《つか》へまつらむとして、諸々の皇《すめ》神たち宮処《みやどころ》に参り集《つど》いて杵築《きづ》き給ひき、故寸付《きづき》という。」とある。造営にあたっては、柱は高く太く、板は広く厚く、千尋の栲縄《たくなわ》で結んで八十紐となしたといわれたもので、当初からきわめて広大豪壮なる建物であった。

天日隅宮《あめのひすみのみや》とよばれた宮殿で、天穂日命《あめのほひの》が祭祀を司さどった。これは出雲国造《こくそう》の祖先である。

御本殿の高さは、創建の当初は三十二丈（96m）もあったといい、屋根の千木《ちぎ》が雲の中に入っていたといわれた。その後、中古には十六丈（48m）、それ以降は八丈（24m）である。

平安初期の天禄元年（九七〇）に源為憲のあらわした「口遊《くちづさみ》」で、その中で雲太、和二、京三（大屋の誦をいう）とある。雲太とは出雲が一番、和二とは大和の大仏殿が二番、京三とは京都の太極殿が三番目であるということであり、高大な建築物を建てることは不可能ではないとされる。社殿を支えるための柱は、一本の柱材が容易にえられないので、三本の材木を鉄の輪で緊縛して一本の柱としてもちいた。そして三メートルある巨大な柱とすることができた。

これは本居宣長《もとおりのりなが》の「玉勝間《たまかつま》」に「金輪造営図《かなわのぞうえいず》」としてかかげられており、最近、本殿の前を発掘したところ、まさにこの記述通り、三本の柱を束にした柱根が発見された。そしてそこに登るための階段は、引橋長一町（110 m）長さがあった。

これほどの高さがあったかどうかはわからないが、日本海沿岸部では、このような高層建築があったことは土器の絵や柱穴跡等から知られている。かなり古くから、高い柱を建てたり、建物を造ったりすることが、よく行なわれたようである。縄文時代の三内丸山遺跡にもあった。

出雲大社の特徴は、単に高さにのみあるのではない。その内部構造においても特異な構造をなしている。大国主命が「僕《あ》は百足《ももた》らず八十《やそ》坰手《くくま》にかくりて侍ひなむ」といいて入った宮の中は次の如くである。

出雲大社の御本殿は「大社造《たいしゃづくり》」と呼ばれ、御本殿の外観は他の神社と同様に南向きに建てられているが、本殿内の御神座は西向きなのである。すなわち南に面した切妻屋根の方面に登拝口と御本殿の入り口があるが、それは中央ではなく、右寄りに作られていて御本殿の床下はすこぶる高い。そうして御本殿の内部は、上、下の両段二室に分かれ上段の室の東方、つまり御扉口を入

（正　面）

出雲大社神殿復原図（側面）
（福山敏男博士の復原図による）
（出雲大社　学生社）

った正面に板壁があり、板壁の向う奥に西に向いた内殿がある。そここそ御神体が鎮ります御座所である。

つまり、御扉口を入って左の方に行き、ついで右に折れて入った室の突き当たりの板壁に接して五つの御神座があり、これを御客座とよんでいる。その室の右手の奥が、前記の御座所で御神座は西向きである。したがって、普通の参拝者は大国主命を側面から拝んでいるのである。御座所の大国主命の前には、参拝者に正対するように、南を向いて客神が並んでいる。そして本殿に向って参拝者は、この客神を拝むことになる。

普通の神社では、参拝者に対して

九　古式のこる御本殿

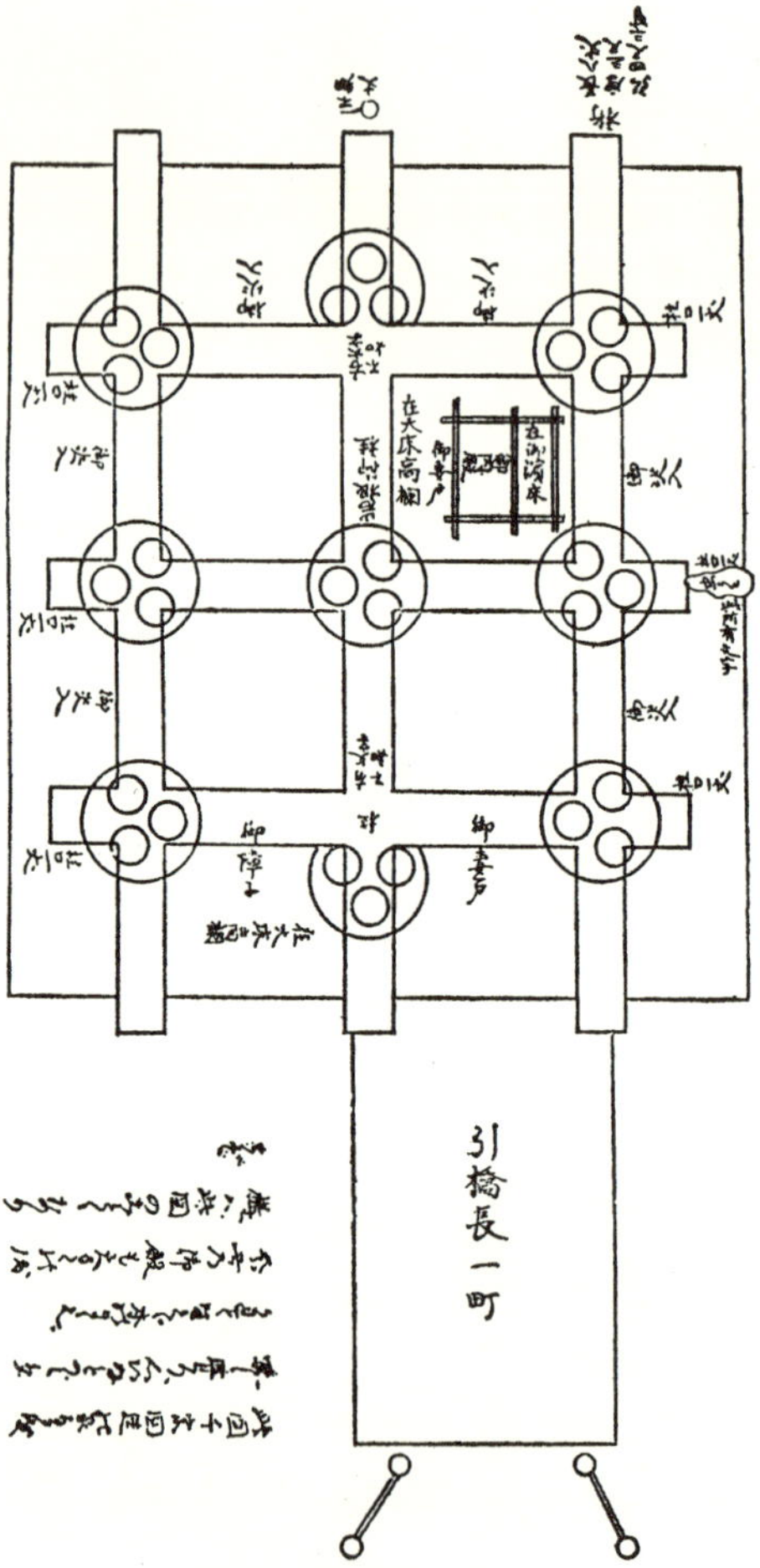

金輪造営図（『玉勝間』所載）

（出雲大社　学生社）

主神は正対している。しかし出雲大社では正対していない。つまり、横を向いていて、しかも間に板壁がある。大国主命の所が上座で、客神が下座に位置しているようにみえるが、そうではない。神座の入口で大国主命を押し込めているとみた方がよい。大国主命は、南を向いて並んだ客神に仕えるようにみることができる。また、閉じ込められているようにもみえる。

これは前述の「僕は百足らず八十坰手……」といったように、自分は曲がりこんだ片隅に隠れて、高天の原の神々に仕えておりましょうという意味にもとれる構造である。隠れ住むについては、死んで祭られたとの説もある。

客神は、五人、向って左から「天之御中主神《あめのみなかぬしの》」「高御産日神《たかみむすひの》」「神産巣日神《かみむすひの》」「宇麻志阿斯訶備《うましあしかび》比古遅神《ひこぢの》」「天之常立神《あめのとこたちの》」といずれも錚々たる神々である。そして客神の名のごとく、全て高天の原系の神々である。

出雲大社では「客」といっているが、事実上は、これらの神々が主神なのである。大国主命を監視し、出雲の人々にこの高天の原の神々の権威をみせつけているのである。

大社造

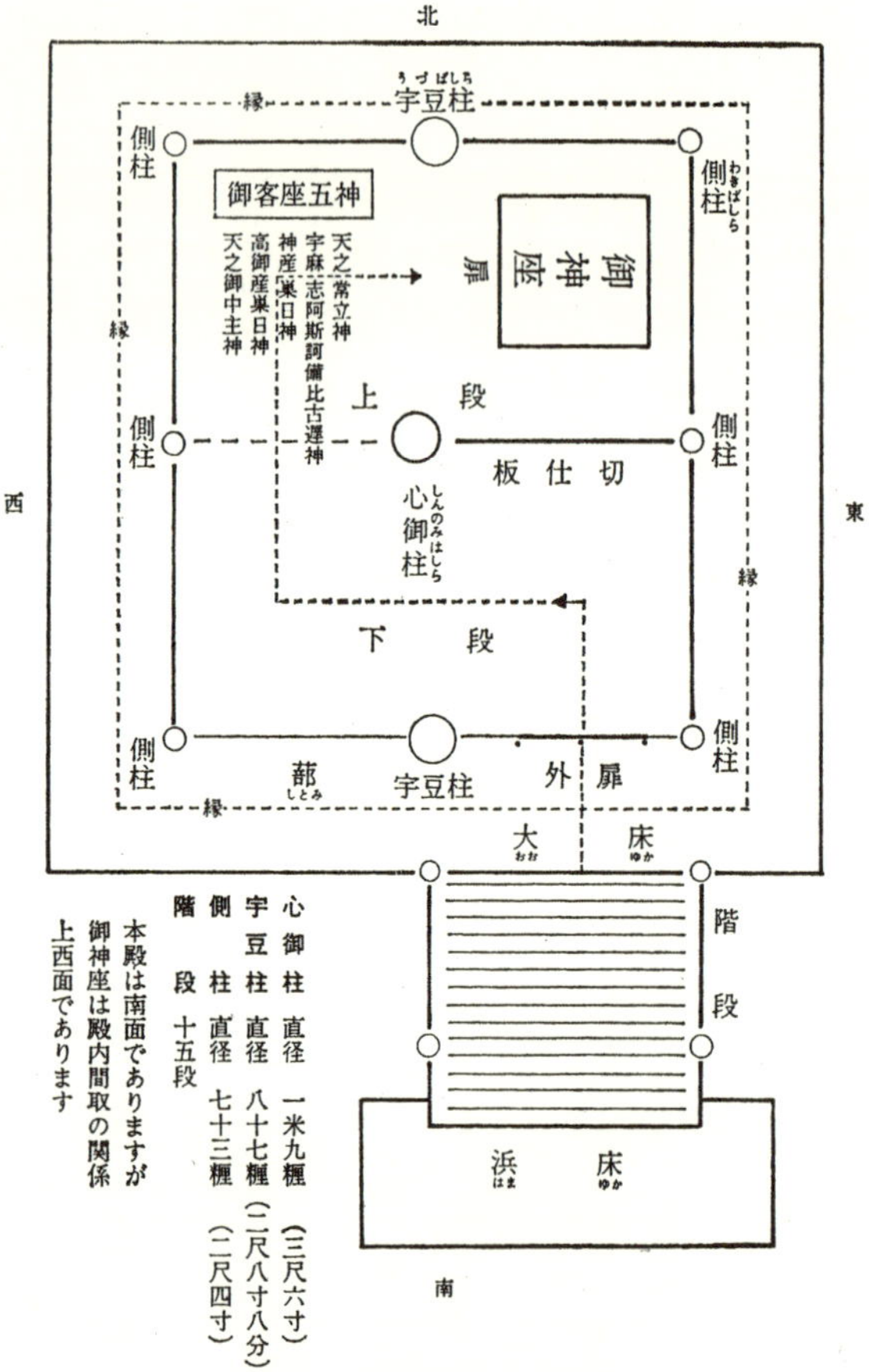
北
宇豆柱《うづばしら》
縁
側柱
側柱《わきばしら》
御客座五神
天之常立神
宇麻志阿斯訶備比古遅神
神産巣日神
高御産巣日神
天之御中主神
扉
御神座
上段
板仕切
心御柱《しんのみはしら》
西
東
下段
蔀《しとみ》
宇豆柱
外扉
大《おお》床《ゆか》
階段
浜《はま》床《ゆか》
南
心御柱 直径 一米九糎（三尺六寸）
宇豆柱 直径 八十七糎（二尺八寸八分）
側柱 直径 七十三糎（二尺四寸）
階段 十五段
本殿は南面でありますが
御神座は殿内間取の関係
上西面であります

出雲大社本殿平面図

（出雲大社　学生社）

出雲風土記

出雲の古代を知る上でもう一つ「出雲風土記《いづものふどき》」という書物がある。

「風土記」というのは、各地の土地柄の記録、地方誌の意で、広くその地の地勢、土質やそこに生育する植物、動物、そこに営まれる風俗、習慣、伝承、行政の実態等を含むものであり、風土記という語は中国古代の用例にならったものである。

その成立は、和銅六年（七一三）に諸国に風土記を奉るよう命が出て、即ち続日本紀《しょくにほんぎ》の同年五月の条に、

「五月（癸亥朔）甲子（二月）制すらく、畿内七道諸国の郡郷の名は好《よ》き字を著けよ。其の郡内に生ずる所の銀、銅、彩色、草木、禽獣、魚、虫等の物は、具さに色目を録し、また、土地の肥墝、山川、原野の名号のいはれ、古老の相伝うる旧聞異事は、史籍に載せて宜しく言上すべし（原漢文）」

とあることから、この時から各国において風土記の撰集がはじまったものと思われる。

風土記の主旨が以上のことであったことから、当然その内容も、それにみあったものとなり、特にその国の地理的記述や物産に偏ることとなった。

古老の相伝ふる旧聞異事についても、その土地に伝わる伝説であって、出雲の国全般にわたる

物語については、当然その形をそのままとどめず、その地方に関することのみが記されたものと思われる。そのため、神話的なものは、地名由来説話として載っているものが多いのである。

一般によく知られている出雲神話は、古事記に載っているものであり、物語風でお伽話的に書かれている。

「古事記」における出雲神話をあげると次のようである。

八俣《やまた》の大蛇《おろち》退治――高志《こし》の八俣の大蛇が娘を食うのをスサノヲノ命が酒を飲ませて退治した。
　その時、尾から剣がでてきた。

稲羽《いなば》の白兎――大国主命が、ワニに皮を剥がされた兎を助けた。

八十神《やそがみ》の迫害――大国主命を逆恨みした八十神がいろんな嫌がらせをした。大国主命は最後
　にスサノヲノ命の元に逃げた。

根の国訪問――大国主命は、スサノヲノ命の須勢理比売《すせりひめ》と恋愛、スサノヲノ命の試練を受
　けるが、スセリヒメをつれて逃げる。

沼河毘売《ぬなかわひめ》に求婚――高志国《こしのくに》（新潟県）のヌナカハヒメに求婚した話。

須勢理毘売の嫉妬―大国主命が　倭国《やまとのくに》に行こうとしたときに、スセリヒメのうたった歌。

大国主命の神裔

少名毘古那《すくなびこな》神との国造り――小人のスクナビコナと一緒に国造りをした。

出雲の神々の活躍地（含む 記紀）

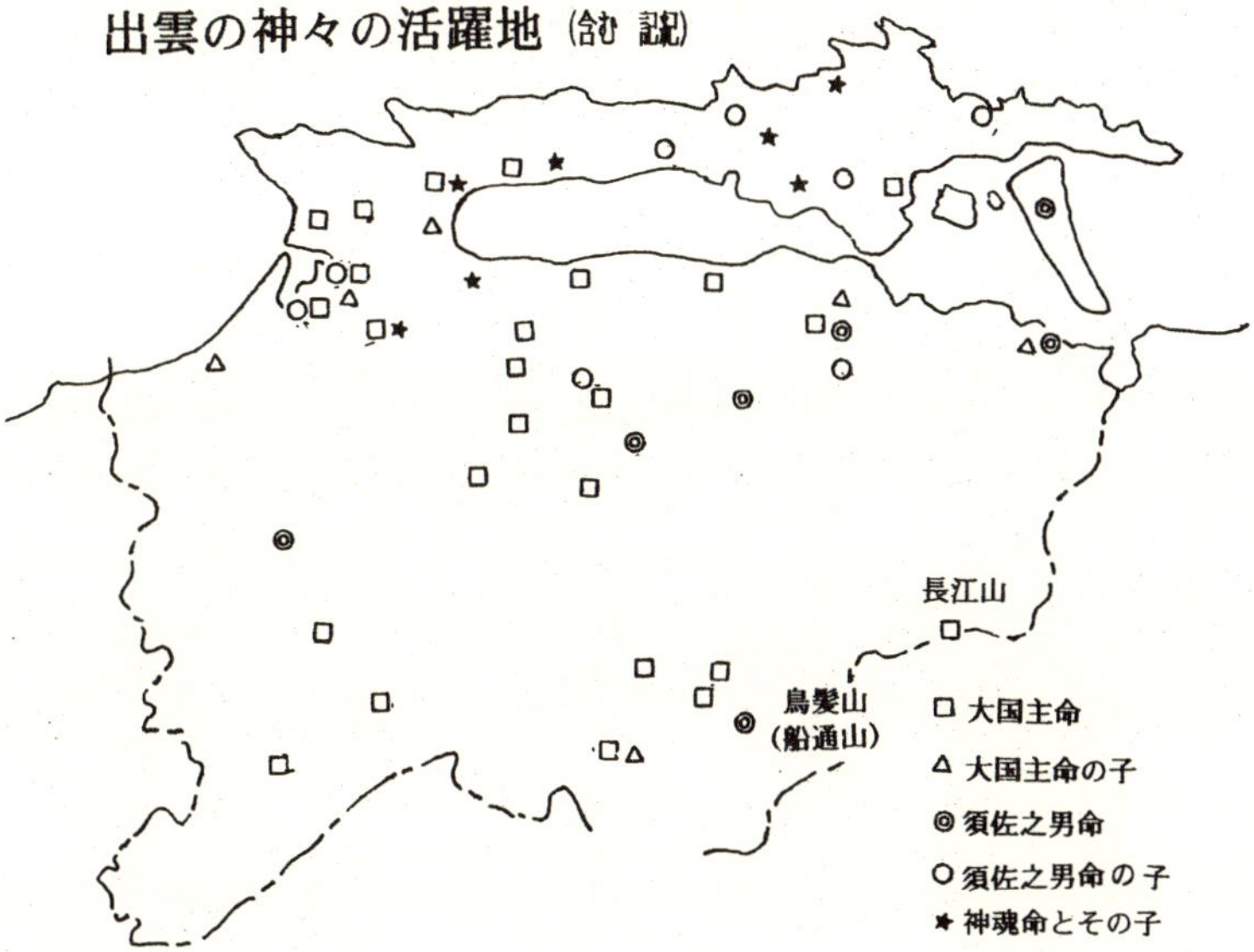

大年神の神裔

これらの出雲神話は、「風土記」の中に出てこないか、断片的にしか出てこない。

まず稲羽の白兎の話は、稲羽（因幡＝鳥取県東半部）のことであるから「出雲風土記」には当然出てこない。

八十神の迫害の件では、大国主命が逃れた木の国（和歌山県とされているが、私は出雲西部のことだと思う）でのことをこう書いてある。

「来次《きすき》の郷、郡家の正南八里なり。所造天下大神《あめのしたつくらししおほかみ》命（大国主命）のりたまひしく『八十神は青垣山の裏に置かじ』とのりたまひて追いはらひたまふ時に、此の処に迨次（追いつき）坐《ま》しき。故来次《かれきすき》といふ。」

八十神とのそれまでの事情は一切省かれ、地名の由来のみとなっている。

かように、その地方に関したことをポツリポツリと記述するのみである。

もともと風土記そのものが、そのような性格の書なのである。物語として書かれたものでもなく、また官吏も、文学的にとか、歴史書としてなどとは考えなかったものであろう。

「風土記」には、大国主命とは書かれていず、所造天下大神命、大穴持《おほなもちの》命とある。

大国主命とその子に関する伝承が載っている郷は、三十一郷ある。

スサノヲノ命とその子の伝承に関する郷は十二郷

神魂《かみむすびの》命の伝承に関する郷は八郷
イザナギノ命に関する郷は二郷
イザナミノ命に関する郷は一郷

その分布は図にある如くであり、まんべんなく分布しているのではなく、それぞれ塊まりをみせているのは興味深い。それぞれの活躍の場が異なっていたのである。

大国主命は、出雲の中央部、神原《かんばら》郷、三屋《みとや》郷に多くあり。簸川の上流に一塊まりある。注目すべきは、東半分に少ないことである。

スサノヲノ命は、東北部（母の居た国）に多く、中部を横切って分布している。

カムムスビノ命については、島根半島と宍道湖の西部にみられる。

大国主命の業績

大国主命の活躍の場をみていきたい。

大国主命は「出雲風土記」のほかに「播磨《はりま》風土記」にも活躍しており、遠くは「伊豆風土記」

にも出ている。

本拠地は出雲であることはわかっているのであるが、出雲の何処にいたのであろうか。そこはいわゆる「出雲王朝」の都のあったところでもある。

この研究をはじめるまでは、大国主命はずうーっと杵築大社（出雲大社）の所に住んでいたものと思い込んでいた。しかし調べてみると直に、それは間違いであることがわかった。

古事記によると、大国主命の初現は次の如くである。

「その八十神各稲羽の八十比売を婚《よば》はむ心ありて共に稲羽に行きし時……」とあるが、どこから稲羽へ来たのかは書かれていない。とはいっても、これは出雲からだろうとは予測できるのである。が、出雲の何処かはわからない。稲羽へいった後、大国主命は次の如く移動する。伯耆の国（鳥取県西部）の手間の山本において、八十神から猪だと偽られ、赤く焼けた大石を受け取めて焼死、母親が、天の神産巣日命《かみむすひの》に生きかえらせてもらい、次に大木のさけ目に入れられ打ち殺され、母親にまた助けられ「汝此間《いましこ》にあらば遂に八十神のために滅ぼさえなむ。」と言われて、木の国の大屋毘古神の所へやった。それでも八十神に捜し出されて矢をつがえて出すようにせまられたが、木の俣から逃がしてスサノヲノ命の根の堅洲《かたす》国に行くように言われた。

根の堅洲国のスサノヲノ命の所へ行き、娘のスセリヒメとかけおちしようとする時、スサノヲノ命は、黄泉比良坂《よもつひらさか》まで追いかけて次のように言った。「……おれ大国主神となり宇都志国玉《うつしくにたま》の神となりて、その我がむすめスセリヒメを嫡妻《むかひめ》として宇迦《うか》の山の山本に底《そこ》つ石根《いはね》に宮柱《みやばしら》ふとしり、高天の原に氷木《ひぎ》たかしりて居れ。この奴。」

木の国とは、紀伊国で和歌山県とされているが、話の進行上からみて出雲西部とみてよい。根の堅洲国とは、鳥取県西端の夜見ケ浜と思われる。黄泉比良坂は、出雲の伊賦夜《いふや》坂のことで東出雲町揖屋《いや》にあり、揖屋神社から東へ十分程いくと黄泉比良坂の石碑があるという。

宇賀の山本は、宇賀郷の近くで、そのあたりの山塊が宇賀の山と呼ばれ、その麓とみると現出雲大社のあたりかと思われる。そうすると大国主命の住んでいたのは出雲大社の所でよいのではないかと思われるかも知れないが、そう簡単にはいかないようである。この件は後述したい。

ここまでの話では、大国主命はまだ若く、指導者にはなっていないことがわかる。それが時と共に次第に成長していく。

意宇郡母理郷《おうのこほりもりのさと》の条に、

「大穴持命《おほなもちの》　越《こし》の八口《やくち》を平け賜ひて還りましし時、長江山に来ましてのりたまひしく、『我が造りまして命《うしは》く国は、皇御孫命《すめみまの》、平世《やすくに》と知らせとよさし奉り、但八雲立つ出雲国は我《あ》が静まりまさむ国と青垣山廻《めぐ》らしたまひて、玉と珍《め》で直したまひて、守《も》りまさむ』とのりたまひき。故《かれ》、文理《もり》といふ。」とある。

越の八口とは、新潟県岩船郡関川町八ッ口ではないかといわれているが、新潟にいった後、なぜ海から三十キロも離れた東出雲の伯太《はくた》町南方の県境にある長江山までいったのか説明がつかない。

この話は、島根県意宇郡を中心とした一帯の話であると考えた方がよい。

松江市周辺に古志《こし》の地名があること、スサノヲノ命の大蛇退治に登場する高志《こし》の地が斐伊川の上流に隣接していることから、この場合の越は、出雲東部とみてよい。つまり、大国主命が出雲東部を平定したのち、長江山に寄ったのである。宣言については、国譲りのことを指していると解釈する人もいるが、国譲りでは、出雲本国も譲るのであり、第一、交渉の場は出雲西部の稲佐の浜である。

この文章は、二つの別々の文が合体しているとみてよい。

「但」から後の部分が母理の地名説話であり、前の部分は国譲りの時の話である。それらが混同して一つの説話となってしまったのである。八千矛《やちほこ》神と称されるように、武力をも兼ね備えた人物であったのだろう。

また殖産の神の面をも持つ。

出雲国東部

意宇《おう》郡出雲神戸《いづものかむべ》の条に（五百津《いほつ》鉏《すき》々《すき》猶取らしに取らして　所造天下《あめのしたつくらしし》大穴持《おほなもちの》　命）とある。これは「今も多くの鋤（田畑を耕す時に使う農具）をもって国作りをして下さる大穴持命）」という意味である。

飯石郡多祢《たね》郷の条の「須久奈比古《すくなひこの》命と天下《あめのした》を巡《めぐ》行りたまひきし時、稲種《いなだね》、この処に堕《お》としたまひき。故《かれ》、種と云う。ここにいう須久奈比古命は古事記にもでてくる。

「（崩彦《くえひこ》は）『こは神産巣日《かみむすひの》神の御子、少名毘古那《すくなびこなの》神ぞ』と答白しき。故、ここに神産巣日の御祖《みおやの》命に白し上げたまへば、答へ告《の》りたまひしく『こは実《まこと》に我が子ぞ。子の中に、我が手俣《たなまた》より漏《く》きし子ぞ。故《かれ》、汝《いまし》葦原色許男命と兄弟《あにおと》なりて、その国を作り堅《かた》めよ。』とのりたまひき。故、それより、大穴牟遅と少名毘古那と二柱の神相並《なら》ばして、この国を作り堅めたまひき。」というわけで、この二人は協力して国造りに励んだという。

大国主命の勢力範囲はかなり広大といわれるが、これは単に武力による制圧ばかりではないようである。五百鋤といわれるように、大量の鋤等の農具を惜しみなくクニグニに分け与えたものと思われる。出雲の国は古来鉄の産地なのである。斐伊川の流域から産出する砂鉄をもって、様々な農具や工具を製作したものと思われる。これが他国の人々までもが大国主命を讃え従った理由の一つでもある。

鉄器の生産については、古代において次の如き方法でやっていたようである。

従来、日本での製鉄は、六世紀に入ってから、というのが一般的考えであったが、これは鉄の溶解温度が千五百三十度もあり、このような高温は古代では容易に生み出すことはできないとされていたからである。しかし、広島県三原市の小丸遺跡から三世紀のものと思われる製鉄炉が発見され、弥生時代後期には製鉄が行なわれていたことがわかった。しかし私はもっとはやい段階で鉄器の生産ははじまっていたと考える。そもそも金属器類は、弥生時代に入ってから日本に移住してきた人々が持ち込んで来たものであり、その時にその製造法も共に入ってきたと考える。

「季刊邪馬台国　六十八号　梓書院」に、古代の製鉄について載っているのを抜粋してみる。

『以前、鉄の専門家で、「鉄の考古学」（雄山閣出版刊）の著者である窪田蔵郎氏からおよそ次のような話をうかがったことがある。

「鉄鉱石から鉄をつくるのには、高い技術を必要とすると考えられがちです。しかし、かならずしも、そうとばかりは、いえないのです。鉄鉱石を赤く熱して、酸素をとり、くだけて散らないように、そっと根気よくたたいて、石の部分をとばして行けば、九〇〇度ぐらいでも、鉄はできるのです。」

実験をすると、このやり方で、鉄ができるそうである。

窪田蔵郎氏がのべていることに近いことは、山本博著「古代の製鉄」（学生社）にも記されている。およそ次のとおりである。

「ゴーランド氏によれば、鉄鉱石から『可鍛鉄《かたんてつ》』をつくるには、銅鉱から銅を抽出するよりも簡単であり、還元温度も低くてよいとつぎのように述べている。

『冶金学の知識が足りないため、鉱石から鉄を抽出するのは銅を抽出するよりも余計に知識を必要とするとある種の考古学者が主張したし、今も主張している。こういった説は、実際の冶金学者によってつぎのように確定せられた事実と正反対である。鉄の還元に要する熱度が七〇〇乃至八〇〇熱量もあればよいのに、銅に要するのは一一〇〇熱量よりも少なくない。鞴《ふいご》も送風装置も要らないのである。鉄の場合は、銅のように鎔解を必要としない。この金属は、鍛えられる鎔けない塊として得られるもので、道具や武器を作るためには、鎚で叩くだけでよい。』そのうえ、『鉄の抽出には、鎔解が必要であるという有力な謬見が今日ですらまだ考古学者の間に明かに行なわれているが、これは、鋳鉄をまず作ってから、特殊な操作によって可鍛鉄または鋼に変える近代的方法にもとづいているのである。』

①鉄鉱石から鉄を抽出する方法は、銅鉱から銅を抽出するより簡単である。
②鉄鉱石は、鎔解しなくても、七〇〇～八〇〇度の熱度で可鍛鉄が得られる。
③鉄の抽出には、特定の送風装置は不要である。」

（中略）

「略言すると、土器を焼く温度で、地下の砂鉄は楽に還元できたわけである。北九州の各地に散布する無文赭色の土器の硬度は、この程度の熱度、またはこれよりやや高い熱度で焼いている。こうした土器が、鉄滓散布地で発見される。したがって『鉄器』をつくり出す可能性も、このようにして『鉄』を還元した地点付近と関係あることになる。」

また、黒岩俊郎著『たたら　日本古来の製鉄技術』（玉川大学出版部　一九七六年刊）に『たたら製鉄の復元とその鉧《けら》について』（たたら製鉄復元計画委員会報告）にのっているつぎのような文が紹介されている。

「京城の加藤灌覚氏の実見談を、和田重之氏が記録したものによると、明治四十二年（一九〇九年）五月七日のことであるが、朝鮮咸鏡北道富寧の南東にあたる沙河洞の村民が、輸域川の河原できわめて原始的な製鉄をやっているのを目撃したそうで、その方法は河原によく乾いた砂鉄を六〇センチほど積みあげ、その上に大量の薪をのせて火をつけ一夜燃やし続け、翌日になって鉄塊を拾い集めていたとのことである。」

「わりに簡単、かつ原始的な方法によっても、製鉄はできるのである。（中略）いずれにせよ、生活に密着した必要なものをつくりだす古代人の能力は、想像以上に高かった可能性がある。」』

つまり、鉄の生産は、少量であるならば溶鉱炉のようなものは必要ないのである。家庭用の七輪でも、砂鉄を使ってできるかも知れない。

出雲は製鉄の地として有名であるが、それは中国山地から大量に採れる砂鉄によるものである。その砂鉄の中で良質なのは真砂《まさご》といい、十分熱すると直ちに良好な鋼となる。真砂は、出雲の国島根県仁田郡の奥、すなわち鳥髪山の北部にとくに豊富で、かつ良好なものがある。そしてそこから流れ下るのが斐伊川である。

大国主命の本拠地である西出雲は、かように鉄資源に恵まれており、大量の鉄器の生産を行いそれらを大国主命はクニグニに分け与えていたものと思われる。

それに対して、クニグニはそれぞれの神宝を大国主命に奉り、それらは神財郷《かむたからのさと》に積み置いたといわれる。埋納しておいたのではない。

古代においては、いや現代においても、鉄器は生活に重要な役割をはたしている。鉄器という と刀剣等武器、武具類が多く語られるが、生活一般においても、料理をする時、木を伐る時、田 畑を耕す時等、鉄器を使用することによって作業がぐっと容易《たやす》く行うことができるのである。そ れら鉄器を大盤振舞する大国主命の人気が高まるのは当然である。全国各地に大国主命を祭った 神社が多いのはその人気の高さによる。奈良末期には「延喜式《えんぎしき》」の神名帳によれば、その神社は 畿内から東国、四国、九州まで分布しており、その信仰圏は全国的な規模に広がっていたとみら れる。

また医療面でもたけていたらしく、古事記に出てくる稲羽の白兎の話がある。

そして大変な艶福家であったということである。恋愛、結婚談が数多く記されており、八十神の中から大国主命を選んだヤカミヒメをはじめ、命に一目ぼれしたスセリヒメ等、まさに行くところの女性を総なめにした感がある。それも全て政略結婚ではなく、恋愛なのである。子供が百八十一人もいたというから、まさに精力絶倫といってもよい。また、伝承や作歌などからみても相手に誠心誠意愛情豊かに接しているといってよい。そういったことも人気の一つであったと考えられる。そういうことから出雲大社は縁結びの神としても名高い。

その行動範囲は、越の国（新潟県頚城郡沼川郷）から伊予の国（愛媛県松山市）にまでおよんでいる。

「伊予風土記」において、スクナヒコナの命と共に伊予に行き、なにか失敗をしたらしく、スクナヒコナの命が危篤状態に陥ったのを別府温泉から湯を伊予の道後温泉にひいてきて蘇生させた話がある。

おそらく大国主命は、北部九州を支配下に入れた後、豊後から伊予の国まで進出していったところ、おそらく現地のクニグニと衝突し、かような事態になったものと思われる。瀬戸内地方の掌握には、さすがの大国主命でも成功しなかったのである。

しかも大国主命の活躍の場が山陽地方側ではなく四国側であることが、考古学的遺物などから考えて、山陽地方にはおそらく手もつけられなかったものと考えられる。

また大和については、古事記にスクナヒコナノ命が居なくなって後、海を光《てら》してくる神が「吾をば倭《やまと》の青垣の東の山の上にいつき奉れ」といった。これは御諸山《みもろやま》の上に坐《ま》す神であるという。奈良県磯城郡三輪山の大神（オオミワ）神社の祭神であるという。近畿地方もその勢力圏なのであった。

須佐之男命

出雲神話においてもう一人重要な人物がいる。

その名はスサノヲノ命である。

スサノヲノ命と出雲との関係は、スサノヲノ命の母のイザナミノ命が死んでから行った黄泉国《よもつ》に行きたいということからはじまった。

天石屋戸《あめのいわやと》事件で高天の原をおわれたスサノヲノ命は、出雲の斐伊川の上流鳥髪山《とりかみ》（船通山《せんつうざん》）に天下った。そこで行われたのが有名な八俣《やまた》の大蛇退治である。しかし、この話は「風土記」には載っていない。

その時、大蛇を切った剣は十握《とつか》の剣といわれ、石上《いそのかみ》神社にあるという。また、蛇から出てきた剣は、後に倭建命《やまとたけるの》が東国遠征に用い、草薙《くさなぎ》の剣と称され熱田神宮にある。

その後須我の地を経て黄泉国に住み、そこで大国主命と遭遇している。他に「風土記」では、安来郷や須佐の地などに現われるだけで、あまり活躍した様子はみられない。

また高天の原から出雲に来る前に新羅の国に寄ってきたという話が「日本書紀」の一書にのっている。

『このときスサノヲノ尊は、その子五十猛《いたける》をひきいて新羅の国に降りられて曽尸茂梨《そしもり》（ソホル即ち都の意か）のところにおいでになった。そこで不服の言葉をいわれて「この地には私は居たくないのだ」と。ついで土で船を造り、それに乗って東の方に渡り、出雲の国の簸の川の上流にある鳥上の山についた。」とある。

井伊章氏は「倭の人々」でスサノヲノ尊（太加王）を新羅国始祖である朴赫居世の嫡子南解王（次々雄）に比定する。

渡来系の神々としては、出雲郡の韓銍《からかま》社、同社坐韓国伊太氐《どうしゃにますからくにいたて》神社がある。大田市五十猛町にはスサノヲノ尊を祭る韓神新羅《からかみしらぎ》神社がある。島根県仁摩町にはスサノヲノ尊の寄港地として韓島神社があるという。

そもそも韓国《からくに》との関わりは、国引きの八束水臣津野尊《やつかみづおみづぬの》にはじまる。出雲の国が狭いとして、よそから余っている土地を引っぱって来てくっつけたという神話であるが、その時に新羅から御崎を引っぱってきたということからはじまる。勿論スサノヲノ尊が出雲へ来る前である。

金錫享氏は「古代朝日関係史」（勁草書房）の中で「出雲国は、朝鮮から渡っていった人々が国主、すなわち王者として君臨したのであり、両国を往来する人々が、補佐の役割を果したと日本書紀第六の一書はのべている。ここでの幸魂《さちだま》、奇魂《くしだま》は少彦名命《すくなひこなの》にかわる補佐役となっており、彼等も光を放ちながら海を渡ってきた人々だといっている。山陰地方から海を越えたところは、朝鮮半島の東南の一角以外にない。風土記の伝説は、出雲国が正に朝鮮の東南地域からの移民によって建てられた国であり、そこがある時期には、新羅の一環として存在したことを物語っている。」としている。

その他、檀君＝スサノヲノ命説もある。

かように、出雲の人が韓国から来たという説が、また遺跡があるのは、日本人は何処から来たのかという、日本人の起源に対する心の深奥に触れる事柄でもあるからである。

もともと西日本人と韓国南部の人とは同民族であり、海峡や日本海は内海であり、流されてもそのうちどこかの陸地に吹き寄せられる近さなのである。また航海とは海の民にとっては学者がおそれるほどのことはなく、結構容易《たやす》く自由に往来していたとみられる。韓半島から日本に渡る人、日本から韓半島へ渡る人と、かなりひんぱんな往来が行われていたものと思われる。北部九州がその中心といわれているが、出雲も半島よりさほど遠くなく、神戸水海《かんどのみずうみ》や中ノ海等、船を寄せるのに便利で穏やかな潟がある。

高天の原では荒々しかったスサノヲノ尊も、出雲では愛情豊かな面もみられ、最後は好々爺という感じでもある。

最期は天宮山（熊野山）で没し、熊野神社に祀られている。

熊野神社

熊野神社は、島根県八束郡八雲村に在し、松江市の南方、風土記の丘の南、意宇川沿いに遡り、天狗山（六一〇m）の麓にある。主祭神は、熊野加武呂命《くまぬかむろの》で穀物の神という。社格は、出雲大社より上であり、現在の祭神はスサノヲノ命に変わっているという。

毎年十月に行われる亀太夫神事《かめだゆう》（鑽火祭）は有名である。

「天狗山」は昔は「熊野山」とか「熊成峰」と呼ばれ、現在の名前の「天狗山」ももともと「天宮山」が転訛したものだといわれている。この天狗山にまつられていた神を麓に迎えておまつりしたのが熊野大社である。祭神は「風土記」に「熊野加武呂乃命」とし、出雲国造の「神賀詞《かむよごと》」では「熊野大神櫛御気野命《くしみけぬの》」とする。もと熊野山の南麓にあったが、鎌倉初期に意宇川中流の八束郡八雲村の現地に移築されたという。

ところで「亀太夫神事」であるが、これは次のようなものである。

古伝新嘗祭《にいなめ》が行われる際、国造《くにのみやっこ》は熊野大社に参向し、新嘗祭に用いる火燧臼《ひきりうす》、火燧杵《ひきりきね》を熊野の神から受け取る。

そのときに大社からは、長さ一メートルもある長方形の餅を二枚持っていくのが例である。これを受け取るために、熊野側からは、亀太夫という社人がでる。亀太夫は、熊野大社の神職のなかでも位は低い。亀太夫はこの餅の出来ばえについて、かならず口やかましく苦情を言いたて、大社の社人はこれに一々謹んで申し開きをすることにしている。

と、こういうわけである。

このことは、熊野大社は出雲大社よりも社格が上であったことをしめしている。しかも熊野大社は出雲一の宮なのである。出雲の一番人気は、大国主命なのであるが、ここの神はそれ以上の神格を持つのである。

「風土記」には「熊野加武呂乃《くまぬかむろの》命」と標記しているのであるが『出雲 国造神賀詞《くにのみやつこかむよごと》』（延喜式《えんぎしき》巻八）には「伊射奈伎《いざなぎ》の日真名子《ひまなご》加夫呂《かふろ》熊野大神櫛御気野《くまぬのおおかみくしみけぬの》命」とある。

「出雲国造神賀詞」とは

出雲国造は新しく国造を襲職するときは、はるばる都にでて、太政官で諸国の郡司を任命するときとおなじような手続きで補任されたが、その儀式は、一般の郡司補任の場合とは格段にちがってきわめて手厚く、その上に、別に神祇官で負幸物《おいさちもの》を賜わるのが例であった。そして国に還って厳重な一年の潔斎をおえると国造はふたたび入朝して、ときの天皇にたいしてたてまつるのが神賀詞《かむよごと》と玉六十八枚以下数々の進献の神宝である。その詞章はいまも伝わって、とくに出雲国造がたてまつるものであるところから、これを『出雲国造神賀詞』とよび、王朝時代のその昔は、きわめてこれを重視していた。

この亀太夫神事にしろ出雲国造神賀詞にしろ、出雲の神が従属するような行事はいかにして生じたものであろうか。

この件に関して辻直樹氏は「上古の難題」(毎日新聞社)において次のように述べている。

「私は次のように考える。出雲国造家は、本来杵築の地で大国主を祭り、専ら出雲大社に仕えていた。その出雲国造がある時期以後、東出雲の意宇の地で熊野の神にも仕えなければならなくなった。換言すればある時期に意宇の地に熊野の神が祭られるようになり、杵築の大社より優先して仕えることを強制された。熊野の神は政治支配の象徴であり、出雲臣は国造という政治体系の中で、熊野の神の支配下にあったと考えられる。」

「この崇神の時代の出雲支配の印として、崇神はその父の神武を出雲に祭らせたのではなかろうかというのが私の推測なのである。」

「神武が熊野の神であろうという仮定は、実にシンプルである。それに対して、熊野の神を祭る各神社のほうに祭神が神武であるという伝承がなぜ全くなかったのであろうか。一つは神武というおくり名は、奈良時代に創られたものであるから、残ってもトヨミケヌとかワカミケヌの名、その変形で神武の名自体が残らなくて当然である。」

つまり出雲を支配しているぞという事を出雲人に肝に命じさせるために、かような行事を行っているわけである。

たしかに、熊野神社にはスサノヲノ命がまつられているし、彼は高天の原の神、つまり天皇家の出身の系列であるからして大和の勢力を植え付ける中心地としては適している。

なお紀伊国（和歌山県新宮市）にも熊野神社（熊野三山）があり「蟻の熊野詣《くまのもうで》」といわれるほどの賑わいをみせたし、現代でもこちらのほうが有名である。そして出雲の熊野信仰が紀伊国の影響を受けていることは確かである。しかし、出雲では紀伊国の熊野信仰が出雲国へ伝わるずっと前から熊野大社が存在していることは事実であるという。

熊野大社に残る言い伝えによると、近くの村の炭焼き職人が紀伊国へ移り住んだときに熊野大社の神主がクマノノオオカミのご分霊を持って一緒に行き、それをまつったのが現在の紀伊本宮大社であるとしている。

神魂命

最後に神魂《かみむすびの》命についてであるが、この神は古事記に天地初《あめつちはじ》めてひらけし時、高天の原に成れる三柱の神の一人で神産巣日神《かみむすひの》とある。

前著で、天御中主神《あめのみなかぬしの》は高天の原を象徴する神の称号であり、高御産巣日神《たかみむすひの》は金印奴国《きんいんなこく》（邪馬《やま》壱《い》国）の王（神）の称号であり、神産巣日神《かみむすひの》は出雲の国の王（神）の称号であると考えた。

神産巣日神は高天の原に生まれた神であるから、高天の原から対馬海流にのって島根半島に上陸し、そこに根を張ったのであろうか。風土記では本人ではなく、その子供といわれる神が登場する。その分布は、出雲の北部、島根半島に多い。子供の中には大国主命と恋愛をするものもいる。また、大国主命と行動を共にした少名毘古那神は、古事記には次のように登場する。

『故《かれ》ここに神産巣日の御祖命《みおやの》に白し上げたまへば、答へ告《の》りたまひしく、「こは実《まこと》に我が子ぞ。子の中に、我が手俣《たなまた》より漏《く》きし子ぞ。故、汝《いまし》葦原色許男命と兄弟《あにおと》となりて、その国を作り堅めよ」とのりたまひき。』このがいもの舟に乗って美保の岬に流れついた神は、神魂命《かみむすびの》の子であるという。

記紀への挿入

それでは「古事記」「日本書紀」と「出雲風土記」がこのような違いをみせるのはなぜなのであろうか。というより、何故「古事記」「日本書紀」に「出雲神話」が入りこんだのであろうか。
まず「古事記」と「日本書紀」における出雲神話の出現数を調べてみよう。

「古事記」では
八俣大蛇《やまたのをろち》退治　稲羽素兎　八十神《やそがみ》迫害　根の国訪問
沼河比売《ぬなかはひめ》求婚　須勢理比売《すせりひめ》嫉妬　大国主命神裔　少名毘古那神《すくなびこなの》と国作り
大三輪神《おほみわ》　大年神《おほとしの》の神裔　国譲り

「日本書紀」では
八岐大蛇退治　大己貴命《おおあなむちの》と少彦名命《すくなひこなの》　大三輪神《おほみわ》　国譲り

比べてわかるように「古事記」の方がぐっと多く逸話が載っている。また内容もくわしい。「日本書紀」では大国主命についての逸話が省かれているようにみえる。

「日本書紀」における逸話を検討していってみよう。

まず、八岐大蛇退治は、高天の原系のスサノヲノ命の説話である。

大己貴神（大国主命）と少彦名命については、後の大和朝廷と出雲との関連から、また大三輪の神も同様である。これらは、大和朝廷での出雲の神と関連のある出来事を説明するために、どうしても必要なことを最小限載せているとみられるのである。

であるからして、古事記の国譲りは情緒的に記されているのに対し、日本書紀の方はいたって事務的に書かれている。記紀が書かれたのは七百年代である。この国譲りから数百年も経過しているのである。記紀は後世の史官の創作だとの説が有力であるが、創作だとしたら、この国譲りの話なぞは不要なはずである。「天下を治めるために高天の原から天孫を派遣した。」で済むはずである。地上の悪者を退治して颯爽と登場しようというなら、「西遊記」に登場するような怪物を退治した方が読者うけするだろう。事実、出雲神話の一番人気は八俣大蛇退治である。

「日本書紀」において、出雲神話を載せることになったわけは、天皇家や人民に対する様々な災難や霊的現象が出雲の神の祟《たた》りによるものだとされ、それを鎮《しず》めるための多くの所業を無視した上での歴史書を編成するわけにはいかなかったからである。その説明のために最小限必要な出雲に関連することを載せたのである。

それに対し「古事記」の方は、神話の数も多く内容も詳しいことから、こちらの方がより原型をとどめているとみたほうがよい。

それでは、出雲神話はどのような事情で「古事記」に入り込んだのであろうか。

まず八俣の大蛇退治の話からみていきたい。

この説話の重要性は、歴代の天皇が即位する時に使われる三種の神器の一つである草薙《くさなぎ》の剣がこの神話に由来するということである。つまり高天の原を追放されたスサノヲノ命が八俣の大蛇を退治した時手に入れた剣を高天の原に献上し、それが神武《じんむ》天皇に渡って今にあるということである。

つまり、高天の原のアマテラス大御神のところに、出雲に行ったスサノヲノ命から、八俣の大蛇から手に入れた剣が献上されたということである。それは、出雲の八俣に住んでいたオロチ（出雲にはアシナヅチ、テナヅチ、オオナムチのように末尾にチのつく名前がみられることから、オロチはオウチという人名とも考えられる。なお、出雲の南東部鳥髪山の近くにオウチという地名がある）という人を殺して手に入れた（勿論オロチは悪人である）ということなのである。年月をへるうちに、オウチは大蛇《おろち》となり、八俣の地名は蛇の頭が八つあったことになっていったと考えられる。その変化は出雲ではなく、高天の原において語り伝えられるうちに変化していったものであろう。つまるところ、八俣の大蛇退治は、舞台は出雲ではあるが、高天の原神話なのである。だから出雲風土記にはでてこない。

この大蛇退治については他にも現実に即するように様々な解釈が行なわれている。この大蛇退治の舞台である斐伊川の上流はタタラで有名なところから、大蛇の目が赤いことにかけて、これはタタラの炉が赤く熱していることから想像したものであるとか、新潟県から来た人さらいであるとか、斐伊川の流れから、治水に悩んだ人々が川を蛇にみたてたとか、オロチは大陸に住むオロチョン族のことであるとか、所説で賑わっている。

次に大国主命の神話についてである。高天の原にあまり関係がないともいえる神話が、これほどまでに詳しく「古事記」の中に取り入れられたのは何故であろうか。

「日本書紀」は国内外の諸本を相互に検討して編纂されたのに対し、「古事記」は、もともと天皇家に伝承されていた昔の物語を歴史書として、または史書として伝わっていたものをまとめたものであると考えられている。その伝承されていた中に出雲神話があったらしいのである。そもそも、「古事記」とは天皇家の成立からのことを、昔々から語り継がれてきたことをまとめたものであり、全国各地の説話伝承をあつめたものではない。だから関東の話も瀬戸内の話も沖縄の話ものっていないのである。そしてその語り継がれた内容も、単純に昔こんな事があったとか我々の先祖は誰々でどこから来たとかの話が中心となり、古老や語り部が語り継いだものを集大成したものといってよく、「日本書紀」ほどには意図的に編集されたものではない。「歴史書」のもととなった語り部の条件は、勿論記憶力のよさもさることながら、話術も巧みなことである。

つまり、聞き手の心を引きつけることが大事であることはいうまでもない。そのためには、無味乾燥な事柄を情緒豊かに、また脚色して話すことも大事なのである。それらの基になる情報は各所各人からもたらされた。それらは旅人や商人によってもたらされる。出雲から来た人々によってもたらされた情報や、出雲に伝わる説話などを人々は熱心に聞き込んだものであろう。それらが九州の人々の中に伝承として語り伝えられることになったのである。

いや当時、既に語り部のようなことを生業としていた人々がいたのかもしれない。後世琵琶法師が平家物語を吟じながら諸国を廻ったように、村々を渡り歩きながら、人々を集め語ったり、ひょっとすると、歌や踊りや芝居などもみせながら廻っていた人々がいたのかもしれない。（そういえば、歌舞伎の発祥は出雲の阿国《おくに》だという）。

そうした語り部達の話には誇張もあるだろうし、多くの人々の話を一人の人物の業績として語ったりしたものもあろう。勿論語り部に伝わった時点で、すでにかなり変形していた説話も多かったであろう。神話の中に、大陸等と共通のものがみられるのはその類である。

神武天皇の祖先が、北部九州で出雲の人々らから聞き、語り継がれた物語が、この「古事記」の中の出雲神話なのである。（後世、大和において編入された部分もあると考えられる）。

王者大国主命

「古事記」の出雲神話の大部分を占め、「出雲風土記」にもひんぱんに登場する大国主命について、更に筆を進めよう。

スサノヲノ命のすすめで、宇迦の山本にすむことになった大国主命は、やがてその勢力範囲を広げていくこととなった。そしてその本拠地を南の山間部へと移動させたようである。神門水海《かんどのみずうみ》に近い杵築《きづき》の地は荒地であり、出雲平野は依然水害にみまわれやすかったからである。

「風土記」の三屋《みとや》郷に次のようにある。

「所造天下大神の御門《みと》即ち此処にあり、故、三刀矢《みとや》といふ。神亀三年（七二六）字を三屋と改む。」

ここが出雲朝廷の都であったとし、宮殿跡地は式内社「御門屋《みとや》の社」（三屋神社）であって三《み》刀屋《とや》町給下《きゅうげ》にあるとする説がある。給下は宮殿下の意味だという。なおこの神社は別名を一之宮ともいう。出雲大川（斐伊川）の中流で昔の船着場があり、また近くの神原郷は「所造天下大《あめのしたつくらしし》神の神御財《かむみたから》積み置き給ひし所なれば則ち神財《かむたからの》郷と謂うべきを今の人猶誤りて神原《かむはらの》郷と云ふのみ。」いうことから、この周辺が大国主命の政庁のあった所だとの説がある。

「出雲王朝は実在した」（安達巖著　新泉社）から引用してみる。

『前述の「出雲問答」は「往昔は飯石郡の三刀屋郷に出雲大社の御神門のありし由、出雲風土

出雲国西部

記にみえたり」云々と証言している。筆者（安達巌）の旧い友人である全日本著作家協会理事長の樋口喜徳先生は出雲の古代史にも詳しい人物だが、先生は現代の自動車道を利用しても、三刀屋と現出雲大社では三〇キロ以上の距離があるのだから、三刀屋に出雲大社の御神門があったとする風土記の記載はおかしいという、疑念を抱かれたという。そこでいろいろ手を尽くしてしらべた結果わかったことは、三刀屋《みとや》は御門屋《みとや》の転であること、またこの「みと」は「みかど」に通ずる言葉だということであった。先生はこの点についてこう証言しておられる。

「私の訓《よ》み方は、三刀屋の地名のおこりとなった御門（みと）を人々はただ単に『みと』とよんで、これを門か鳥居のことだとしているが、この三刀は御門＝みかどとも読める。このみかどに別の漢字をあてると朝廷（みかど）となるが、そういった点からいって、この『御門』は帝（みかど）のことだといえる。このような見方からすると、三刀屋―御門―みかど（帝）であってここに出雲朝廷が所在したということである。」

このような解釈にたつと、この地に出雲大社の御神門があったとする風土記の古伝は必ずしもまちがいではないということになる。』とある。

また更に、原田常治著、同志社発行「古代日本正史」をひいて、その要点を摘出している。

『1　斐伊川に二つの支流がある。その一つが赤川、もう一つが三刀屋川であるが、前者は砂鉄滓で川水が赤く濁っていたためにつけられた川名である。これにたいし三刀屋川というのは大国主尊の政府からでた呼び名である。

2　この三刀屋川周辺が現在の三刀屋町であるが、昔はこれを「御門屋」と表記した。霊亀二（七一六）年杵築大社移設の際、御門屋が三刀屋にかわったが、巨大な門のある大宮殿だったので、御門屋という地名になったのだという。

3　三刀屋川が斐伊川に合流する地点に近いところの丘の上に三屋《さんや》神社がある。「出雲風土記をみると「天下所造大神（オオクニヌシ）の御門《みかど》ここにあり。故に三戸矢《みとや》といふ」とある。「神亀三（七二七）年字を三屋《さんや》と改む。延喜二（九〇二）年再建の棟札が現存し、その裏面に「大己貴尊の天下の惣廟なり。」としるしてある。

4 この三屋神社の神紋は出雲大社と同じ剣花菱であり、ここがオオクニヌシの大政庁の所在だったことはうたがいない。

5 この三屋神社の祭神をあいまいにしたり、昔は御門屋神社だったのを三屋にして呼び方もサンヤにしてしまったり、社格も低い郷社にしたり、御門屋を三刀屋に書き改めさせたり、そうした一連の細工は聖武天皇の神亀三年に延臣が故意にやった疑いがある。この年は「日本書紀」が出てから六年目にあたるが、これは「日本書紀」にない国ゆずり神話を、「古事記」に書いたことから出た矛盾の糊塗策だったようにみえる。

原田常治の考証はあらまし右のとおりであるが、この人のいうように「古事記」の国ゆずり談判は事実無根であろうか。筆者はそうは思わない。なぜならば、これは勝者の正当性を裏づける物語であり、大和朝廷の権威を裏づけるものだからである。その点からいうと「出雲風土記」にこのことに関する記載がないのも当然である。なぜならばこれは見方によると屈辱の記録であり、朝廷に提出する風土記に両朝廷の駆引などを記載することは、はばかられることだろうからである。しかし延臣たちが記紀との関連などを考慮して小刀細工をしたということはあり得ることといえよう。』以上が「出雲王朝は実在した」からの引用である。

三刀屋が大国主命の宮殿があった所であるという理由は右のようなことであると思われる。

この説が成立するかもしれない理由はほかにもある。

ご存じのように神門（鳥居の意か？）が斐伊川の河口にあること（斐伊川＝出雲大川は、当時西へ流れ、神門水海に流れこんでいた。河口はその潟に流れこむ地点）。現出雲大社に行くならやや方向違いである。

出雲郡神戸郷《いづものこほりかむべのさと》を流れる斐伊川の神立橋《かんだち》の東脇には、神在月《かみありづき》に出雲を訪れた神々が最後の宴会を開く立虫《たちむしの》社（万九千《まんくせん》神社、斐伊川町併川《あいかわ》字神立《かんたつ》）がある。本来はもっと西にあったが、斐伊川の流路が変わった際、川底になってしまったという。

また神原郷の項には、所造天下大神の神御財を積み置いたことから、神原郷という地名になったという。この神原郷の加茂岩倉から三十九個の銅鐸が発見され、世の考古学古代史学者やファンのみならず世間一般の関心を集めたことは記憶に新しい。また三百五十八本もの銅剣が発見された荒神谷遺跡は、そこから三、四キロメートルしかはなれていないのである。

またそもそも現出雲大社の建っているところは、後背地は山地であり、前面は湿地と潟でありその中に延びた海流が運んできた砂嘴の根元に建っていたのである。

これらのことから考えると、西から来た神々は神門水海に入り、斐伊川を遡って行ったと考えられ、東から来た神々は中海から宍道湖に入り、西岸から斐伊川へ陸路をとり、立虫社あたりから斐伊川を遡ったものとみられる。まさに立虫社が東と西に行く神々の別れ道なのである。とすると、大国主命の宮殿は斐伊川を遡ったところ、上流では不便なので神原郷を中心とした盆地いったいの中に住んでいたと思われる。

三刀屋社のあたりもその候補地といえる。

吉野ケ里の銅鐸

話は国譲りに戻る。

建御雷神《たけみかづちの》と天鳥船《あめのとりふねの》神が伊那佐小浜《いなさのをはま》に来て「イナ、サ」イエスかと問うたときに、大国主命は、油断していたのかもしれない。前の天菩比命《あめのほひの》と天若日子《あめのわかひこ》の二人を簡単に凋落できたことから、このときも、この二人の神を何とでも手なづけることができるものと思ったのかもしれない。

しかし前の二人は、高天の原では高い身分にあり、国内権力の事情をよく知る立場に居る者達であった。そのために、アマテラス大御神の葦原中国《あしはらのなかつくに》割譲要求は、高木神《たかぎの》のさしがねであることを知っており、そのためにまともに任務を果たす気になれずに大国主命になびいてしまったのであるが、今度の二人は違っていた。まず、二人で来たために裏切りにくいことと、内幕を知らなかったことから忠実に任務を果たそうとしたのである。

そうとは知らぬ大国主命は、前の二人のように凋落せしめようとして、さしたる防備もせずに悠々とでかけていったのかもしれない。

大国主命は囚われの身となったのかもしれない。二人の息子の行動の不思議さがそれを物語っている。囚われの身の父親の生命を救うために、八重事代主神《やえことしろぬしの》は、戦をせずに国譲りを認め入れ自殺をした。

建御名方命《たけみなかたの》は抵抗しようとしたが、父を囚われ殺害をちらつかせられたために、武力を用いることができず逃亡することとなった。ここに高天の原による出雲平定がなったのである。

国譲りによって、無抵抗で出雲を手に入れた高天の原軍団は、出雲諸国の人々を敗残者としてあつかったようである。先のクナトの神の抗議自殺など、その例である。

高天の原の軍団は大国主命の本拠地である神原郷にも侵入し、神財庫《かむたからこ》を没収したであろう。大国主命が諸国から献上された宝を積み置いた（何度もいうが、埋めて置いたのではない）神財庫にはどのような宝が納められていたのであろうか。銅鐸《どうたく》、銅矛《どうほこ》、銅剣《どうけん》、銅戈《どうか》、銅鏡《どうきょう》、勾玉《まがたま》、玉飾り等が掠奪にあい、そっくり持ち去られたものとみてよい。

そのときに、出雲の人々はどのような行動をとったのだろうか。それは銅鐸の埋納であったと考えられる。それを裏付けると思われる学説がある。

毎日新聞’01年5月13日号「深読み日本史7　銅鐸4　中」にこうある。

『現在支持を集めているのは「ある時、各地で一斉に埋められた」というものだ。それも2回に分けて、である。』

『刺激的なのは、その時期だ。

「紀元前1世紀の終わりから紀元1世紀前半にかけてまず1回。2世紀終わりごろにもう1回でしょうか。」と春成秀爾・国立歴史民俗博物館教授は解釈する。多少のズレはあっても、この2回を考える研究者は多い。』

『もっと具体的に「北九州の奴国が後漢の光武帝から金印を授けられた紀元57年の直後」（「日本の歴史02王権誕生」＝寺沢薫・橿原考古学研究所課長）とする積極説もある。』

ここで注目されるのは、一回目の埋納の時期である。

紀元一世紀前半、つまりAD50年頃であるといい、寺沢氏はずばりAD57年の直後と言い放っている。これはまさに私の「委奴国《いと》による倭国《わ》統一」の結果、漢王朝から倭国王として認知する金印を賜ったとする説の裏付けである。

ただ、寺沢氏がAD57年直後というのはおかしい。これは57年直前でなければならない。そうでなければ、金印を貰ったから銅鐸を埋納したことになる。

銅剣・銅矛圏の委奴国《いと》が、銅鐸圏を征服し倭国を統一したのであるから、その結果銅鐸圏の

吉野ヶ里銅鐸（佐賀県教育委員会提供）

人々は、所有していた銅鐸を埋納することになった。それはAD５０年頃のことであると私は考えている。神財庫《かむたからこ》の宝物が略奪され持ち去られたと聞いた人々は、略奪を怖れ山あい等に埋納したのである。

持ち去られた宝物は、それぞれに分配され、北部九州人にとって、興味も関心もなかった銅鐸のほとんどは溶解され、別の銅製品にと変えられたのであろうが、一部はおもちゃ的に残されたものもあったであろう。その扱いは決して良好といえる状態とはいえなかっただろう。

そしてその一つが一九九八年に発見されている。そこはまさに金印奴国の都、吉野ケ里であった。銅鐸発見を報ずる「朝日新聞」（一九九八年十一月二十日号）から引用しよう。

『弥生時代を代表する環濠集落である佐賀県神埼郡の吉野ケ里遺跡を調査中の県教委は十九日、弥生後期（一～三世紀）の穴に納められた横帯文銅鐸一点が九州ではじめて出土した、と発表した。銅鐸文化の中心である近畿と同様、銅矛・銅剣文化圏とされてきた九州にも銅鐸祭祀があったことを証明するという。県教委は「青銅祭器の分布や文化圏の論争に大きな一石を投じる」としている。

出土した銅鐸は平べったい釣り鐘形で、高さ二十八センチ、上部の最大幅九センチ、裾の幅十七・八センチ、本体には矢羽根のような文様があり横帯文銅鐸と呼ばれる。鰭には鋸歯文という三角形の文様があった。形状や文様から広島県など中国地方で出土例のある「福田型」とみられる。鈕《ちゅう》や裾は一部破損しているが、片面は埋める前に人為的に壊されていた。この型の鋳型はこれまで佐賀県鳥栖市や福岡市でみつかっていたが、銅鐸そのものはみつかっていなかった。銅鐸は人里離れた場所に横にして埋められるのが普通だが、釣り鐘のように立てた状態で埋められたらしい。

歴史公園整備に先立つトレンチ（試掘溝）調査で、深さ約八〇センチから発見された。弥生後期の溝が埋まった部分で直径約二十センチの穴に入っていた。

「近畿の銅鐸文化圏」「九州の銅矛・銅剣文化圏」という分け方が長い間の主流だったが、近年の調査研究でみなおされている。吉野ケ里では青銅器の工房跡もみつかっている。

高島忠平・佐賀県副委員長は「銅鐸は遺跡内で製造された可能性がある。青銅器文化の発想転換を迫る発見だ」と話している。

佐原真・国立歴史民俗博物館長の話

九州で銅鐸を作っていたことは、（佐賀県鳥栖市の）安永田遺跡の鋳型などから分かっていた。銅鐸を祭り埋納したことも予想していたが、実際に穴の中に埋めた状態で出土した意義は大きい。今回の銅鐸を含め「福田型銅鐸」が、近畿の銅鐸とは別に九州で発達したととらえる考え方と近畿の銅鐸の影響下で九州でできた銅鐸ととらえる考え方と両方ありえるが、自分は後者の考えだ。』

また「発掘された日本列島'99」(朝日新聞社刊)によると、

「本遺跡は佐賀県の東部、吉野ケ里丘陵の南部に位置する。吉野ケ里歴史公園の整備に伴い北墳丘墓の北約〇・五キロ離れた大曲一の坪地区で実施した確認調査で、標高一四メートルの水田下から銅鐸がみつかった。銅鐸の出土は九州では初めてのことである。出土した銅鐸は、径二〇センチ程度の小穴に鈕を下に向けた状態で埋納されていた。

高さ約28センチ。外縁付鈕式の福田型銅鐸である。鐸身には、綾杉文と凹線の文様帯が施されている。鰭と鈕には複合鋸歯文が巡る。鐸身の片側は、身の中央から裾部にかけて欠損しており、埋納時にはすでに壊されていた可能性が強い。これまで銅鐸は、近畿地方を中心に約四七〇例確認されているが、九州で初めての出土となった。

弥生時代中期~後期　約二千年前」

「'01年の新宿歴史博物館での『弥生の輝き　吉野ケ里からのメッセージ』では、弥生時代の終わりごろ(約一七五〇年前)以降にうめられました。」とある。

吉野ケ里で発掘された銅鐸は、以上のようである。ところがこの銅鐸について、'〇〇年十月に注目すべき発表があった。それはこの銅鐸と、かつて出雲で発見されていた銅鐸が「兄弟銅鐸」

吉野ヶ里銅鐸出土地点（佐賀県教育委員会提供）

であるということであった。

『佐賀県教育委員会は十月二十六日、同県神埼郡の吉野ケ里遺跡から九州で初めて出土した弥生時代の銅鐸と「出雲（現島根県東部）出土」と伝えられる銅鐸が同じ鋳型で作られた「兄弟銅鐸」と確認したと発表した。吉野ケ里のものが先に鋳造された「兄」だと考えられるという。北部九州と山陰地方は、武器形祭器の銅矛で同じ形のものが確認されるなど関係が深いことが指摘されているが、県教委は「両地方の関係があらためて確認できる史料だ」としている。

県教委が比較した結果、両側に付いた鰭と呼ばれる部分の文様帯の構成などが一致した。吉野ケ里のものには出雲にある目・まゆ・鼻・鳥の文様がないが、吉野ケ里銅鐸を鋳造した後、鋳型にこれらの文様を彫り込んだのではないかと県教委はみている。

吉野ケ里銅鐸は、平成十年（一九九八）に弥生時代後期の地層から出土。「出雲木幡家伝世銅鐸」は、島根県宍道町の木幡家が代々受け継ぎ、花器として使用されていたが、昭和三十五年（一九六〇）に銅鐸と確認された。現在は八雲本陣記念財団が所有し、宍道町蒐古館に展示されている。』（'00・10・26 日本経済新聞）

『今回確認された兄弟銅鐸のうち、吉野ケ里のほうが「あに」とみられることなどから、同県教委は「古代の肥前、出雲両地方の密接な交流を裏づけるとともに、北部九州が銅鐸の供給地だったことがうかがえる。」』（同）とある。

この銅鐸が発見されたとき、「吉野ケ里で銅鐸による祭祀がおこなわれていた」といわれたが、今この福田型銅鐸をみると、とてもそのように大切な扱いを受けてきたようには思われない。一部が欠けているだけでなく、裾が裂けて折れ曲がっている様は、相当手荒な扱いを受けたことをものがたる。さんざん放り投げられたり、蹴飛ばされ踏み潰されたりしたあげく、溝の中に放りこまれ、窪みの中に逆さまに転がり落ちて埋まってしまったように思える。

そこで実際に当地に行って調べてみようと思い立ち、二〇〇一年四月二十五日吉野ケ里銅鐸発見地を訪れた。

ここは、東脊振村大字大曲字一の坪地区（辛上地区）で、現況は水田（標高14ｍ）である。吉野ケ里遺跡の北墳丘墓から北に約五百メートルはなれている。現場は発掘の最中らしく（当日誰もいなかった）水田が30㎝ほど掘り下げられており、地表には弥生土器や須恵器の破片がおびただしく散乱していた。銅鐸出土地点は埋め戻されており、まわりの情況から見当をつけるしかなかった。北側には辛上廃寺跡推定地があり、この土器片の多くは、その時期に由来するらしい。

出土地点付近は、ごく浅い谷状となっており、当初は弥生時代の溝らしい遺構と考えられていたが、谷の斜面であり、弥生時代の包含層であるという。

水田下80㎝ということから、その土器片の散乱面から更に50㎝下にあったということで、土器片等は少なかったということである。

出土地点の西側は、吉野ケ里遺跡から続く丘陵が広がり（志波屋四の坪地区）、弥生時代後期後半～古墳時代初頭の集落が存在していた。

水田下30㎝の地層と80㎝の地層の二層の存在から考えるならば、昔は谷地状のところであったが、後世そこを均して水田にした（谷地に盛り土をした）ものと考えられる。

続いて出土状況である。

この場所は吉野ケ里歴史公園（古代の森ゾーン予定地）として整備される所で、トレンチによる調査を行なっていた。

NO26トレンチ（長さ約25ｍ　幅約2.5ｍ）を掘削中に発見されたものである。ところがこの掘削は重機（バックフォー）を使って行なわれたために、発見はバックフォーのバケットによって、地中から掻き出されたものであるという。そのため、裾の一部が外側にめくれている。

次頁の吉野ケ里銅鐸出土状況推定復元図をご覧いただきたい。

——線と——・——線とで描かれているが——・——は推定の線である。


説明によると、銅鐸は穴の2/3の土と一緒にバケットによって掻き出されたということである。そして残った下の部分の——・——部分はまだ掘っていないということである。つまり掘ったのは実線の部分だけである。しかし穴の底部には鈕《ちゅう》の一部が残っていたことから、銅鐸が逆さまに埋もれていたことは確かである。

問題は、この埋没状態が意図的であるのか偶然であるのかということである。

発掘事務所では、埋納坑があるので埋納であるという。

しかし吉野ケ里公園の展示場における次々頁の写真をみてほしい。

銅鐸が発見された個所の土の色の違いに注目していただきたい。

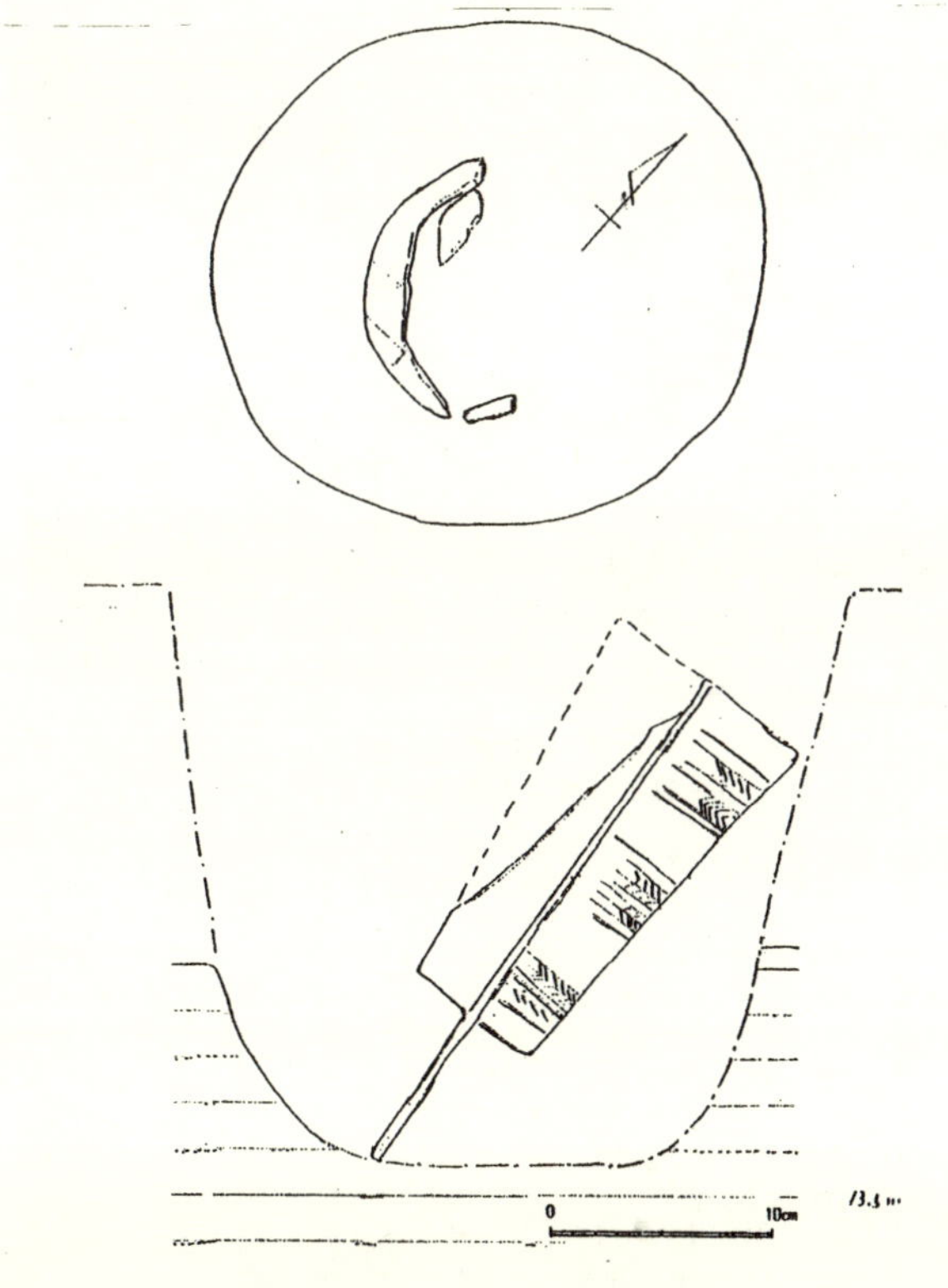

吉野ヶ里銅鐸出土状況推定復元図
（1／5）
（吉野ヶ里遺跡発掘調査事務所提供）

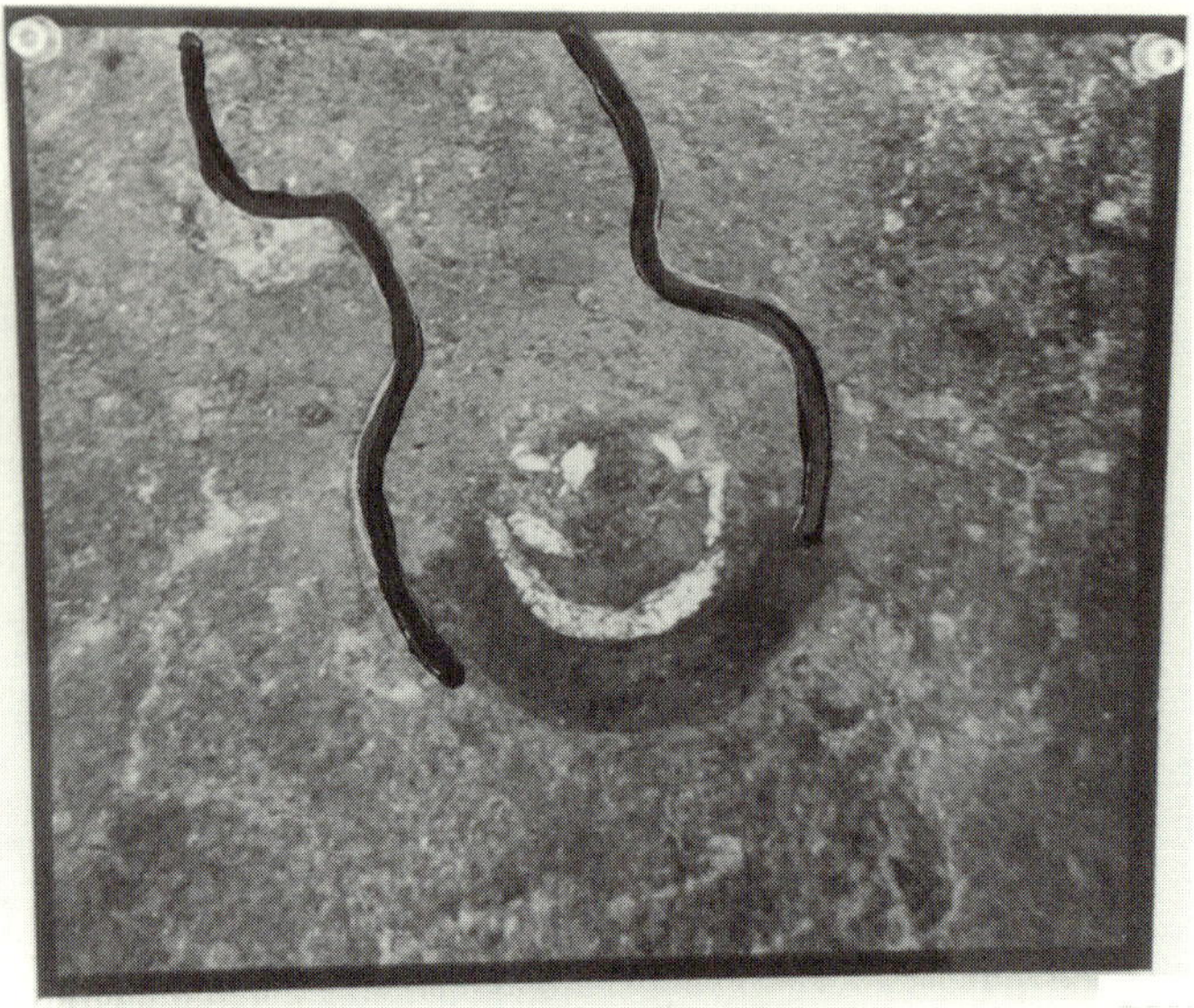

吉野ヶ里銅鐸出土抗
(吉野ヶ里歴史公園展示室にて)

銅鐸の鈕の発見場所の状態であるが、これは銅鐸を埋めるために掘られた穴にはみえない。

鈕のある黒い土の部分が元の穴の土である。まわりはその穴のとおりにまだ発掘されていないというのである。しかも、穴の上部三分の二ほどは失われているのである。

写真の穴のまわりの土と、その外の土が異なっているのがわかるであろう。そしてその部分の境は黒い線で描いたところである。その形からみて、埋納するための穴とはみえない。

この場所は谷地状であったことから、なにかでできた穴があり、そこにこの銅鐸がころがりこんだものと考えたほうが合理的であると思う。案外これは人の足跡が複数重なったものかも知れない。

やはりこの銅鐸はよそから持ち込まれ、粗末な扱いをうけて最後には捨てられたものと考えてよい。この銅鐸は出雲にあったものなのである。

かつては、出雲の人々に愛され尊敬されていたであろう大国主命に捧げられ、その神財庫に積み上げられ祭られていた貴重な銅鐸であったろう。

それが今、裂け欠けた状態で再び人々の前に現われた時、この銅鐸はどのような音色を奏でるのだろうか。それはまさに、虐げられた当時の出雲人達の慟哭を聞く思いであろう。

最後の晩餐

高天の原軍の前に国譲りをした大国主命は、約束どおり大社を造り、そこに隠れ住む事となった。場所は宇迦《うか》の麓の杵築《きづき》である。かつてスサノヲノ命の娘スセリヒメと結婚してはじめに住んだところでもある。今でこそ沃野の中にあるが、当時は荒地ともいえるところであった。

いざ大国主命が大社に入ることになったとき、水戸神《みなとの》の孫《ひこ》、櫛八玉神《くしやたまの》が膳夫《かしわで》となって天の御饗《みあへ》

を献上するため、祷《は》き申して、

「櫛八玉神、鵜に化りて、海の底に入り、底の赤土《はに》を咋《く》ひ出でて、天の八十平瓮《やそびらか》を作りて海布《め》の柄《から》を鎌《か》りて燧臼《ひきりうす》に作り、海蓴《こも》の柄をもちて燧杵《ひきりきね》に作りて火を鑽《き》り出でて云ひしく、

『この我が燧《き》れる火は、高天の原には、神産巣日の御祖命《みおやのみこと》の、とだる天の新巣《にひす》の凝烟《すす》の、八拳垂《やつかた》るまで焼《た》き挙げ、地《つち》の下は、底つ石根《いはね》に焼《た》き凝《こ》らして栲縄《たくなは》の、千尋縄《ちひろなは》打《う》ち延《は》へ、釣《つり》せし海人《あま》の、口大《くちおほ》の、尾翼鱸《をはたすずき》、さわさわに、控《ひ》き依《よ》せ騰《あ》げて、打竹《さきたけ》の、とをとをとをに天の真魚咋《まなぐい》、献る。』

といひき。」

まさに最後の晩餐である。主従ともどもの無念の思いが伝わってくるようである。

これをもって大国主命は、大社に閉じこもることとなった。

これが倭国に大きく覇を唱えた大王の最期であった。

出雲の国は、アメノホヒノ命に委ねられることとなった。後の出雲国造である。

記紀の神話では、国譲りのあと、大国主命のために高壮な天日隅宮《あめのひすみのみや》を造って「汝が祭祀を主ら

ん者は、アメノホヒノ命これなり。」と出雲国造の祖アメノホヒノ命に、タカミムスビノ神が祭祀を命じたとしている。

この高天の原出身の神でありながら、任務を果たしえなかった神が、このような高い地位についたのは、何故であろうか。よほどうまく立ち回ったのであろうか。いやおそらく、アマテラス大御神の第二子であるが故に、不問に付され出雲を委ねられたものであろう。

出雲国造はこうして出雲大社の西隣りに居を移して国造館を建て、大社の祭祀に今日まで当たっている。しかしその後、国府のある意宇《おう》郡の大庭《おおば》の地に居を構えた。その跡にあるのが神魂《かもす》神社である。社伝（神魂神社）によると「この地はアメノホヒ（天穂日）が神釜に乗って高天の原から渡来して来た場所である。」という。国造家は現在でも国造（こくそう）さんとして出雲の人々に親しまれているという。

記紀においては、出雲は葦原中国と同じと書かれており、根の国（死者の国、黄泉国）とされたり「ちはやふる荒ぶる国つ神の多なる国」「さばえなる悪しき神」「邪しき鬼」の満ちている国とか称されている。

出雲＝葦原中国は暗く荒れはてた得体のしれないところというイメージで描かれている。

これは勿論、大和朝廷が正義であり、対する他国の支配者は悪であり、悪を退治して世の中に正義を広げる勧善懲悪の考えかたでもある。

時代が移り変わると共に、「出雲」の立場も変化してくる。

「古事記」では、高天の原を裏切ったように書かれているアメノホヒノ命は「出雲国造神賀詞《いづもくにのみやっこかむよごと》」では、暴威をふるう神どもを帰服させ、大国主命をも言葉やわらかになだめしずめて国譲りの話しあいを無事に成立させたと、アメノホヒノ命の功績を誇らかに奏上している。

加茂真淵《かものまぶち》はその著『祝詞考《のりとこう》』の中で

「……穂日命が最後まで復命せずにいたとするならば、天若日子についでの重罪と言うわけで神罰をこうむるであろうが、そういうことはまったく無く、天つ神の詔によって、将来とも大国主神の祭をなさんものは天穂日命であると命ぜられたというのも、穂日命がよく彼の大国主命を鎮めなだめ、その心事を和め穏やかにしたという功績があったればこそではないか。」といっている。

しかしこれは明らかに記紀の記述に合わない。

「出雲神賀詞」は天皇の前で国造が帰服することを述べているのであってまさか怨念を述べるわけはない。かえって祖先の手柄を述べてとり入ろうとするものであるから、天皇に対して都合のよいことを並べたといってよい。

時代は進み、出雲の神は天皇を守りたもうものというのが本義とされるようになってきた。

出雲の、皇室に害するようなことは本位ではないとして、皇室にすりよろうとする姿勢が執られるようになってきた。

それが昭和二十年の敗戦により皇国史観が否定されるとともに、古代史の解釈についても新しい解釈が論ぜられるようになってきた。それまでとは逆に反権力がもてはやされるようになり、歴史でも皇国史に反するものがみられるようになってきた。それは出雲についても同じくみられ、大和に滅ぼされた出雲という形となり、そこに悲劇や怨念という観念が形作られていった。

出雲出身の元島根県立図書館長の速水保孝氏は、

「記紀をにぎわす出雲大神の天皇家への祟りには、神宝を奪われた原出雲びとの呪いがこめられているのだ。神庭荒神谷の松籟に原出雲びとの慟哭をきく思いがする。」と述べている。

こうしてこの説話を考えてみるとき、国譲りにおける、出雲が高天の原に滅ぼされた時の悲劇は、大国主命一族のみならず、多くの出雲人の身にも起こったことであろう。

国譲りの際の哀切たる光景は、まさに悲劇的最後を遂げた大国主命への出雲人達の深い愛情と別れの悲しみが篭められているのである。

出雲神話は大国主命讃歌である。大国主命への出雲の人達の深い愛情と思慕の念が彼の行動を物語にして語り伝えることとなった。そしてそれはまた、国を失った出雲人の悲しみと愛郷心をもその中にこめて語り継ぐこととなった。

「祇園精舎の鐘の声　諸業無常の響あり　沙羅双樹の花の色　盛者必衰の理を顕す」

これはずうーっと後世の平家物語の冒頭の言葉であるが、平家一門の悲劇的最後が、琵琶法師によって全国に後世まで広くつたえられたように、出雲神話も同じように作者不祥のまま、彼を滅ぼした高天の原の人々にも伝えられ、その史書の中に取り入れられることになったのである。

第二一章　倭面土国

第一節　倭面土国と帥升

後漢書東夷伝に次のようにある。

「安帝の永初元年　倭の国王帥升《すいしょう》等、生口《せいこう》百六十人を献じて願いて見を請う。」

安帝とは、後漢の六世皇帝のことで在位は一〇六年から一二五年まで、その永初元年とは一〇七年である。倭の国王は「倭面土国王帥升《いめんどこくおうすいしょう》」のことであるとされている。

建武中元二年の倭奴《いと》国王の朝貢、そして景初《けいしょ》三（二）年の卑弥呼《ひみこ》の朝貢までの空白の時代の中にあるこの朝貢については、資料も少ないこともあって、あまり検討されることもなかった。一通りの解釈とその時代の背景が単発的に研究され、継続的に論ぜられることもなかった。深く掘り下げて研究する人も少なく、邪馬台国や金印奴国のような論争が広く行なわれたり、それがブームとなるようなこともなく、想像力たくましい史家や小説家からとりあげられることもなかった。つまりイメージを膨らませるようなものではなく、たいしたことのない記録であると捉えられていたのである。倭面土国も王帥升も後にも先にもこれ一回きりで、その後幻のごとく消えてしまったのである。

中元二年（AD五七年）の金印奴国（倭奴国）の朝貢から五十年後に忽然と現れたこの国と国王の登場は、一体倭国に何が起こったことをあらわしているのだろうか。

私見では、前拙著にも述べたように、倭国は西暦五十年頃金印奴国により統一され、以後は吉野ケ里に都した金印奴国の天下であったはずである。

それなのに百六十人もの生口を連れて大陸の奥深くまで渡っていった倭面土国王帥升とは、一体何者なのであろう。倭面土国とその王帥升を歴史の中に位置づけることはできないだろうか。

では、倭面土国とはどこにあった国なのかから解いていきたい。

倭面土国についての先人達の解釈を紹介していきたい。もともと正史後漢書には「安帝の永初元年倭国王帥升等」であって「倭面土国」とはなっていない。

古くは、本居宣長は「馭戎慨言《からおさめのうれたみごと》上之上」の中で、倭面土国が杜佑《とゆう》の通典《つでん》巻第一百八十五辺防一東夷上の倭の条に「倭面土地」となっているのを指摘した。他に「倭面土国」（「北宋版通典」）「倭面上国」（「日本書紀纂疏」所引後漢書）「倭面国」（「釈日本紀開題」所引後漢書）「委面」（「漢書」地理志・倭人ノ条の如淳の注）「倭面上国」（「翰苑《かんえん》」所引後漢書）等種々表わされている。「倭国王帥升」となっているのは後漢書であり、このままであれば、倭国王とは金印奴国王のこととなり何ら問題は生じないのであるが、それ以外の書が「倭・・・国」となっていること

から疑問が生じた。内藤湖南氏は、

「かく倭面土、倭面、委面、みな同一なりとすれば、倭面、委面は略称にして、具さには倭面土といふべきこと、又疑なし。倭面土とは果して何国を指せる。余は之を邪馬台国の旧称として、ヤマトと読まんとするなり。」（「倭面土国」読史叢録）としている。つまり倭面土をヤマトという音に近く読めるとして大和のことだとした。

しかし「倭」が「ワ」と発音されるのは、唐の時代（七世紀）からであり、それ以前の漢の時代などでは「イ」と発音された。もっとも「イメンド」でも「ワメンド」でも「ヤマト」と聞こえなくはないが。

白鳥庫吉氏は、倭面土国王師升等としながらも、これを伊都国王だとした。

「内藤博士の説の如く、最初倭面土国王師升とあったとみるのが正しいやうであるが、たとへ然りとするも、この記事が奴国の記事に続いて記されてをり、然も一方において上古奴国と並んで最も盛んに対支交通を行ったらしい国が伊都国であったことから考えて、この倭面土国を後の伊都国に比定するのは、最も全体の形勢に合致するものと信ずるのである。」とし、更に伊都はいかにして面土と書かれるようになったかとして、面の古字は圓であったので「圓と囘とは相互に誤られ易い字であるから、倭面土国とあるのは正しくは倭囘土国とあった。」とし「囘はwei のやうに発音されたのであろう。然らば囘土（wei'tu）は即ち伊都（itu）の音を写したもの

北部九州博多湾周辺図

姐奴国
津屋崎
志賀島
香椎宮
能古島
博多湾
多婆邦国
好古都国
斯馬国
今宿
(志登国)
一の町遺跡
倭面土国
周船寺
今山
高祖山
クシフル岳
山門荘
姪の浜
都支国
葦原中国
伊邪国
前原
(怡土国)
日向峠
那珂川
太宰府
二日市温泉
金山
高天原
石屋
高山

と見得るのであって、ここに倭面土国を伊都国に比定せんとする余輩の見解は、文字・音韻の上からも確かめられることとなるのである」との結論に達している。（「卑弥呼問題の解決」）

一方志賀島出土の「漢委奴国王」印の読み方が三宅米吉氏によって「漢《かん》の倭《わ》の奴《な》の国王」と読むべきだということが論証されたことから、倭面土国も「倭の面土国」と読むのが正しいということになり「イメンド」を「ヤマト」の転訛であるとすることが成立することができえないとなってきた。

そこで橋本増吉氏は、面土国とし、これは末盧国《まつろこく》の同音異訳ではないかと疑い、日本書紀神功《じんぐう》紀に皇后が、松浦県玉嶋里の小川にて、河魚をつりたまへる時、「梅豆邏しき物」とのたまひし故、『時人号其処日梅豆邏《めつら》国、今謂松浦訛焉《いままつらというはなまりなり》』とある説話から末盧を『メツラ』と称せしことも亦あり得たかと推理し、面土の古音はmian'tuoであり、metu(la)の音訳として不当ではないと考え面土国は末盧国であるとした。

井上光貞氏もこの説に賛成し、松浦を梅豆羅《メツラ》といっており、音がよく似ているとして関心をしめしている。

ここまで書いてくると読者の方々にもこれらの論議は邪馬台国論争における論法と同じである事に気がつくであろう。原文に出てくる地名は、後世（現代）でも必ず残っていると考え、更に自分の都合のよいように気ままに原文を改削したり、まわりくどい説明を加えたりする地名比定法である。

かくいう私も、前拙著において、其余旁国《そのよのぼうこく》の比定は、音による探査を行わざる得なかったし、それが可能と思われる場合は、この方法を否定するものでは決してない。ただ、この場合の問題は、古地名の漢字を当時何と発音していたか、また現代地名がいつごろから付いたのかを十分吟味しないと、間違いを犯してしまうということである。例えば、「奴」を「ナ」と発音したばかりに、支離滅裂な地名比定をしてしまうという結果を招いたことは悲惨ともいえる。

次に倭面土国はなかったという説も紹介しておきたい。

西嶋定生氏は、倭面土国をまず、その出典を文献学的に検討することから始め「倭面土国王師升等」と記載するものは、北宋刊本『通典《つでん》』のみに限定されるとし、それ以後の版本では「倭面土地王師升等」と記するのが二つあり、その他は「倭国王師升等」と記しているとしている。『後漢書』各版本のいずれにおいても、すべて「倭国」もしくは「倭国王」であり「倭面土国もしくはその他に記載しているものは皆無であるとした。

また『後漢書』より50年前に編纂された『後漢書』にも「倭国遣使奉献」とされていることから、現行本『後漢書』と相違する古本『後漢書』なるものがあって、それには「倭面土国王」と記載されていた、などということは到底ありえないことであるとしなければならないと想定された。

また中国の王仲殊氏は、西嶋氏の推論を是認したうえで「倭面土国、倭面上国、面土国」などの国名もすべて架空の虚構であって、史上に実在した国名ではないと結論した。

それは、後漢書関係以外の諸本（例えば魏志倭人伝等）の中に倭面土国に比定しうるものは皆無であること、伊都国を面土国、回土国に比定することは不可能であると明言した。

今のところ倭面土国の否定論者は、この二人だけだという。（東アジアの古代文化92号　大和書房）

しかし私は次のように考える。

まったく存在しないものが、倭国と記すべき所の中に「面土」という単語が入ってくるとは考えられない。やはり「倭面土国」は存在したはずである。後漢書以外の多くが、古い後漢書（現存する後漢書より写本が古い本）を書写したものと思われる。特に信頼性が最も高い、北宋版通典が「倭面土国」となっていることから、後漢書の現代写本は写し間違いとみてよいと考えられており私もそう思う。他の倭面上国や倭面土地、倭面国、委面等は、倭面土国の写し間違いとみてよい。

これはやはり後漢書に「倭面土国」とあり、現行本では、写本する時落としたと考えるのが、もっとも合理的である。また、倭面土国が必ずしも従来の国（伊都《いと》国や末廬《まつろ》国）であることもない。倭面土国として独立したものとして考えるのがよい。倭面上国も面土国も誤写である。

更に問題がもう一つ、倭面土国王の名前である。

倭面土国王については、帥升《すいしょう》としている文と師升《ししょう》としている文があり、更に「王」は姓であるとし王師升もしくは王師升という名前であるとする説を唱える人もいる。どれが正しいのだろうか。

その前に、倭面土国がどこに存在していたのかについて論証してみたい。方法はやはり地名比定である。(問題は、いかにこじつけずに合理的に論証するかである。)

倭面土を倭《い》メンドと読むのか、倭《わ》のメンドと読むのかであるが、かつて金印奴国を倭奴《いと》国とするか倭《わ》の奴《な》国とするかの論争があり、結局は「倭《わ》」の「奴国《なこく》」が正しいとなったのであるが、この定説は誤りであり、「イト」国とよむのが正しいことは、前著において述べておいた。(但し便宜上、本書では定説の読み方から、金印奴国としている。)(イト国とは伊都国のことかと思われるかもしれないが、伊都は、魏の時代にはイタと発音していたことがわかっている。)

それと同様、倭面土はワのメンドではなく、イメンドと読むことが成立するものである。

前著において、ここは福岡県西部糸島地方を中心とした地域を指すとしたが、今でもこれは変わるものではない。

今山、今宿、姪《めい》の浜の地名がイメンの転訛であり、イメンのイメに力を入れて発音し転訛すると「今」となり、メンに力を入れて発音すると「姪」と転訛したとし、(「土」〈ド〉は国の意味であり、魏志倭人伝では「奴」〈ナと発音せず、ト、ドと発音する〉と表記されている)、これは福岡市西方域にある。

次は国王帥升のことである。国王名については、帥升と記している史料と師升と記している史料と二通りあり、「帥」か「師」かということになる。「升」は諸本同じである。

後漢書では倭国王帥升等とある。

翰苑所引の「後漢書」では、倭面上国王師升等とある。

北宋版「通典」には、倭面土国王師升等とある。

杜佑の「通典」には、倭面土地王師升等とある。

白鳥氏は、翰苑所引の後漢書に、安帝（永）初元年倭王師升等とみえ、唐類函・辺塞部、倭国の条に引く所の通典には、倭面土地王師升等とあり、宮内省図書寮尊蔵北宋版通典には安帝永初元年倭面土国王師升等とあるといって、最初倭面土国王師升とあったとみるのが正しいようだとしている。

とすると、資料では圧倒的に師升が多いようであるが、結論はそうとはいかない。資料の信頼性が問題とされるからである。新しい資料より、古い資料が尊重され、引用した資料よりその元となった資料が尊重されるからである。何故なら、時代を重ねるほど、写し間違いがよくみられるからである。私自身もこの原稿を書きながら、「帥」と「師」を間違えていないかと、ハラハラしながら書いている。

結論は、百納本の後漢書の「帥升等」が正しいとされている。

読み方は「スイショウ」でも「スイセイ」でもない。当時の古音では「シュセン」である。今山、今宿、姪の浜の近くに「周船寺《すせんじ》」なる地名がある。寺は所を表わすものであるから、地名のもとは「周船」である。漢字で「周」と書いて「ス」と読んでいるのは、「シュセンジ」が訛って「スセンジ」となったものであると考えられる。

人名が地名として残っていることは、ありえないことではない。外国では町や広場や通りによく人名をつけているのがみられる。

日本でも例はある。東北地方岩手県に、跡呂井《あとろい》、母体《もたい》という地名があるが、これは八世紀に東北地方で朝廷に反抗した蝦夷《えみし》の酋長であるアテルイとモタイの名が地名として残されたものであるという。

とすれば、帥升の名が地名として残っているとしても、何ら不思議ではない。

かくして「倭面」の「今」と「帥升」の「周船」が地名として在る福岡県西部が、古の倭面土国であり、周船寺がその都であったと確定できるのである。

勿論、倭面や帥升にその漢字での字義はない。

面を被った倭人でも秤の役人でもない。

前述したが、この「土」は、魏志倭人伝に多出している「奴」と同じ音であり、かつ同じ意味である。ただこの後漢書において「土」という漢字が採用されたのは、このときの倭国側の説明者が「ト」よりも「ド」に近い発音（訛りか？）だったのであろう。

倭面土国を捜し出す過程において、記録に出てくる古地名等に似ている地名を後世の地名の中から探し出してみるという方法で倭面土国を割り出してきた。

前著ではこのようにしてきたのであるが、ここでふと違う角度から考えられるのではないかと考えた。漢人が倭面土国と記したのは、倭国側の人物がイメンドと発音したと聞き取った書記がイメンドに漢字をあてはめたのである。問題はこの倭国側の人物のことである。この人物は倭人なのであろうか、それとも非倭人の通訳だったのであろうか。こう考えたのには、次のような訳がある。

つまり、倭国のこの国名を正しく発音して伝えたのであろうかということである。幕末にヨーロッパ人が作った地図に、函館のことをＨＡＫＯＤＡＪＩと書いているものがある。これはハコダテと記すべきものをハコダジと誤記している。その訳は、当時の当地の住民（北東北地方人）がハコダジと訛っていたからである。それをヨーロッパ人は、忠実に記入したのである。

中国音のイメンドが正しい国名音であると考えて来たのであるが、イメンが訛ってイマとなったとばかりは考えられない。イマがイメンと訛った可能性もある。そこでこの問題を再考してみた。イメンの前に力を入れて今となり、後ろに力を入れて姪となったとしたが、イとメンを分けてみると「メン」というのは「前」にも通じるのである。この地域に前原という地名があることからもその可能性は考えられる。「マ」が訛って「メ」となるのは、現在でも「御前」や「手前」を「オメエ」「テメエ」と訛っていうことからも認められる。

つまり、「倭前土《いまえど》」が訛り、イメンドとなったらしいということになる。

元々「イマエド」という国があったのを、通訳が訛った国名をきいており、そのまま「イメンド」と伝えたのを漢人がそのまま「イメンド」と記録したものと考えられる。または、通訳が訛っていたとも考えられる。

そしてこの「訛りであった」と考えたほうが合理的である。

だから、メイ（姪）の浜はマエ（前）の浜の訛りである。

前書では、イメン（倭面）が転訛してイマ（今）山やイマ（今）宿になったとしたが、事実はイマエ山やイマエ宿のイマエが元の音であり、それがイマと変化しイマ山やイマ宿となったのである。また可也《かや》山の近くに前原（マエバル）という地名がある。

つまり、この地域は「前の国」なのである。どこの前なのかというと、倭国の中で半島に対して、前面にあたる国なのである。つまり倭の前の国―倭前の国（イマエノクニ）なのである。（倭とは、倭本国なのか、倭奴国〈吉野ケ里〉の倭にあたるかは不明）。

その領域は、脊振山の北面の、西は鹿賀海岸から東は那珂川までを領していたと思われる。

そこは天孫降臨の地であると考えられ、高須山《たかす》（高千穂峰《たかちほ》）や日向《ひなた》、橘の小門《おど》の阿波岐原《あはぎはら》などの神話の舞台ともなったところである。

そのあたりは、弥生時代の遺跡が密集するところでもある。弥生文化の華やかな舞台でもあった。前原《まえばる》遺跡、三雲遺跡、志登《しと》支石墓群、今山の石器採石場、吉武高木《よしたけたかぎ》遺跡そしておびただしい工房跡など、弥生時代屈指の遺跡が連なるところでもある。まさに弥生銀座である。

地形の上からみても、三角形の今山があり、その麓から西に続く細長い入江は、船を安全に停泊させることができる。更に西には可也山がその美しい姿をみせ、豊かな水田地帯が広がる穀倉地帯でもあった。そして海峡を越えて海の彼方には、文明の先進地である韓国《から》、楽浪《らくろう》の地に達することができる。この豊穣の地を支配したのが、ほかならぬ帥升王であった。

私は西暦五十年頃、金印奴国（委奴国）によって倭国は統一されたものとして史観を構築してきた。そのために、前章では大国主命の国譲りはそれにあたると論じてきたわけである。

その統一を成し遂げたはずの倭国において、それからわずか五十年後、いったい何が起こったというのであろうか。

倭面土国は実在の国であった。倭本国の北部、海峡に面した倭国の先進地帯に、聡明なる王師升のもと、壮大なる王国を築いていたのである。

そして帥升は委奴国王ではないのである。倭面土国王だというのである。帥升が漢の都を訪れていた時、吉野ケ里の委奴国はどうなっていたのであろうか。

そして出雲をはじめとして、国内諸国のみならず、朝鮮、中国も含め、その時代の国々がどのような状態にあったのかを次の節で考えていきたい。

第二節　周辺諸国

中　国

縄文時代から、倭人が往来しあこがれの地であった大陸を支配する中国は、直接間接を問わず文化的にも政治的にも、日本に大なり小なり影響を与えてきた。鎖国や鎖国に近い状態のときでさえも中国文化は継続的に流入されており、日本文化の基礎的部分に重要な位置をしめてきたのである。中世以降は、人民の移動は制限されることもみられたのであるが、古代及びそれ以前は、大陸半島列島との間は自由に往来できていたのである。間には海という広漠たる世界が広がっているようではあるが、人類は船というものを発明し、なんなくそれを乗りこえることができた。

大陸において、戦乱や混乱がある度に、それに押し出されるような形で、大陸の人々は外へ外へと避難、移動をはじめ、ある人々は混乱の少ない半島へ、また海を超えて倭国へと渡り、そこに住み着き、同化したりしながら、その地の文化に大きな影響を与えたのであった。

一方、半島や列島にすむ人々も、それらの人々を通して、大陸における文化や物産を手にいれることができ、それらの文化を自らの文化の中に取り入れて発展していくことになった。

ただ半島や列島の人々と大陸との関係は、大陸の文化が高度で、半島や列島の人々はそれを受け取るという形で行なわれたということになる。また、人々の移動は、大陸からの移住は多くても半島や列島からは少なかったとみられる。

そのような東方との交流について、中国側は早い時代から、文字というものを使って記録していた。殷という時代から、中国人は無類の記録好きなのではないかと思われるほど、文字による大量の記録が残されており、各王朝において史書等も数多く制作され残されることとなった。

勿論、時代が遡るほど記録が少ないのはやむをえないのであるが。

倭人についての中国側の記録は、前十一世紀（日本では縄文時代）の書「尚書」「礼記《らいき》」に初めて登場している。曰く「周の時、天下太平越裳《えっしょう》、白雉を献じ、倭人鬯《ちょう》草を貢す。」「成王の時越裳雉を献じ、倭人暢《ちょう》草を貢す。」とあり、これは今から三千百年前のことである。

弥生時代は、今から二千三百年前から始まるのであるから、これは縄文時代のこととなる。倭人が縄文時代にどこにいたのかという問題が浮かんでくるが、それについてはまたの機会に述べたい。

中国が封建時代であった春秋時代の終わり頃、周を中心とした多くの封建国家があったが、その中で長江下流地域に呉という国と越という国があり、互いに宿敵として争いを続けていた。

結局BC四七三年に呉が滅亡することとなり、その時に多くの呉人が海上に逃れたという。それらの人々の一部は半島の南部に、一部は列島にたどりついたと考えられる。勿論それらの呉人は、海の彼方に半島や列島があるということを知っていた上で海上へ乗り出してきたのである。

BC四七三年は弥生時代のはじまる百七十三年前のことで列島は縄文時代である。

これら避難民は貧しい漁民や農民ばかりだったわけではない。身の危険を感じた王族や貴族やその家来達も含まれており、かつ商人等も含め教養の高い人々も多く含まれていたとみてよい。それらの人々によって中国中部（長江下流）の文化や技術が、列島や半島南部にもたらされたと考えられ、事実半島南部の遺跡から、呉の領域からもたらされたと思われる遺物が発見されている。文化面においても、知識人の間では文字がつかわれており、記録や連絡として使われていたことは確かである。

史料としての古文書等はまだ発見されていないが、文字が盛んに使用されていたことは、後世の文献の中から発掘することができるのである。

古代に記録された半島南部と列島における漢字表記の地名と現在地名の発音とを比べてみると、呉音で発音するとうまく合うということである。古来半島は、漢朝をはじめ北中国の支配下にあるため、その王朝での記録の漢字は漢音で発音することになっている。しかし半島や列島の地名の漢字は、呉音で発音すると、朝鮮や日本の現地人の地名と一致するものもあるということである。

例えば、朝鮮の史書「三国遺事」に、

『新羅の第二代朴南解王（AD五）のとき、駕洛国に一艘の船が着いた。（中略）端正な男児と多くの奴婢が出てきた。男児は「私は竜城国（正明国または浣夏国花廈国といい、倭の東北千里にある）人である。私の母は積女国から迎えられたが、私の生まれるのを群臣は不吉として海に流された。」』とある。男児とは新羅四代の王となった昔脱解《せきだっかい》である。ここに出てくる竜城国とは、魏志倭人伝に出てくる好古都《はかた》国のことである。

三国史記新羅本記には次のようにある。

『脱解《だっかい》は、本来は多婆《たば》邦《な》国の生まれで、その国は倭国の東北一千里の所にあった。はじめその国の王が女国（女人国とする書がある）の王女を娶り、妃は妊娠してから七年目にして大きな卵を産んだ。すると王は「人間が卵を産むというのは不吉なことであるから、これは捨ててよ。」と命じたが、妃は捨てるに忍びないので絹の布に卵を包むと、宝物といっしょにそれを箱の中に入れ、海に浮かべて、その行くがままに任せることにした。』とある。記述は相違する所もあるがこれは三国遺事の話と同じとみてよい。

つまり、竜城国とは多婆邦国であり、その国の王が積女《せきじょ》国又は女国（女人国）の王女と結婚し昔脱解が生まれたというわけである。

この女国とは積女国と同じ国で、写本する時に積の字を落として女国としたものであろう。そして後年、今度は人という字をつけ足して女人国と書いたと考えられる。何故なら、女人国が積女国と書き誤られることはないからである。

前著で、女国とは魏志倭人伝にいうところの姐奴国であるとした。姐奴国《しゃと》が積女国であると考え、姐奴国は好古都国（多婆邦国）の隣の津屋崎《つやざき》のある宗像《むなかた》周辺の国であるとした。姐（シャ）と津屋（ツヤ）は転訛するとみた。

問題は積女国の読み方である。通常は漢音でセキジョ国と読むのであるが、呉音ではシャクニョ国と発音する。そうすると姐奴国は漢音で（倭人伝は漢音で表記されている。）シャト国と読むのであるから、積の呉音のシャクと姐の漢音のシャとは通じるものがあり、もともとは同じ言語であったとみられる。

シャ・ク・ニョ国であった積女国は三世紀に頭のシャだけが残り、姐奴国（奴は国という意味）となったわけである。

このことからも、三国遺事や三国史記の地名のあるものは、呉音で読む方が適切であることが証明される。

さて話は変わって中国の史書における中国と半島、列島の交流をみていきたい。

BC一〇八年「漢の武帝（BC一四一～BC八七）朝鮮を滅ぼしてより、倭の入貢あり、使駅通じる者三十許国なり」とある。漢の武帝は、衛氏朝鮮を滅ぼし、楽浪郡真番郡臨屯郡を置き、ついでBC一〇七年玄菟郡を置いた。

この中で楽浪郡は平壌に郡治《ぐんち》（郡の役所）を置き、ここが前漢末より後漢初めまで百年間、中国郡県支配の中心地となった。こう書くと、朝鮮は漢の植民地であるかのように思われるかもしれないが、朝鮮に置かれた郡県は、中国本土内と同じ扱いである。なお半島南端寄りは韓であり中国領内ではなかった。もちろん、倭国も領外であった。

倭人は当時、百余の小国に分立（漢書地理志燕地）していたという。この百余国がどの地域までの広がりを持つかは確かでないが、近畿地方以西であると考えられる。だからといって、その東に国々がないというわけではない。弥生時代が始まって二百年はたっているのである。

その楽浪郡に倭は入貢するようになった。入貢とは倭の産物を献上し、かわりに中国から多大なる物資を貰うという、一種のバーター貿易ともいえるが、その中国からの物資とは、倭人が珍重する織物とか銅器などであり、北部九州から出土する漢鏡などはその代表である。

やがてAD五七年後漢光武帝に倭奴国王が朝貢し「漢の倭の奴の国王」印を賜わることとなった。（建武中元二年倭の奴国が貢を奉じて朝賀した。使人はみずから大夫と称した。倭国の極南界である。光武帝は印授を賜わった。）

私はこの金印授受を委奴国による倭国統一の結果であるとみた。金印奴国はAD五七年までに倭国（近畿以西）を統一したものと考えた。金印とは、倭国の中でちょっと大きい強いというだけの国に与えられるものではないだろう。倭国をしっかりと支配していたものとして、金印奴国の倭国での統治を認めた印なのである。（光武帝はAD二五年からAD五七年までの在位であり、この金印授与の後に崩御している。）

先に私は、支配地域は近畿地方以西と書いたが、これには勿論出雲も瀬戸内海も入っている。それらの国々も、つまり百余国のほとんどを統一しているものとしての金印授与なのである。その統一の時期は西暦五十年頃と私はみている。

この時までに大国主命の国譲りは終わっていたものと考える。

そしてそれから五十年後の一〇七年—後漢書に安帝（一〇六～一二五）の永初元年倭の国王帥升等生口百六十人を献じ請見を願うとある。

これは安帝の即位年の翌年にあたることから、賀詞を述べたてまつる為に、国王自ら洛陽におもむいたものである。五十年ぶりに中国の史書に登場であるが、その間、中国と倭国の間に交流がなかったわけではない。楽浪郡を通して、又は楽浪郡に倭の諸国は詣でていたのである。国使とか商人とかは結構ひんぱんに訪れていたものとみられ、中国側の王の交替等はよく伝えられていたものと思われる。一〇七年の倭面土国の訪中も偶然なのではない。事前に情報を得ており、それに対応した行動なのである。

　このときの朝賀の訪問は、倭面土国王帥升自ら海路はるばる中国の都まで生口を百六十人も連れて訪れたのである。前回での倭の奴国王の朝賀のときは、王自らではなく大夫と称する使人の訪問であった。帥升等とあることから、倭面土国ばかりでなく他国の王も参加していたのかもしれない。そうでなくとも大夫と称する大臣級大使級の人物が参加したのかもしれない。その御供の数も含めるとまさに膨大な人数ともとれる。生口を百六十人もつれていくのであるから、逃げられないように監視する兵も多かったことであろう。

　倭面土国王帥升は、金印奴国王に替って倭国の盟主についたことを報告し、その地位を公式に承認してもらう必要があった。そのためにも、大使節団を率いて新帝の即位への表敬という、絶好の機会に朝貢したのである。王自らの表敬とその規模の大きさにみられるように、まさにその意気込みは画期的なものといってよい。

　しかしそれに対する中国側の反応は冷たいものであったようだ。中国側の記録には、委奴国に授与したような金印とか紫授とか、王の権威を認め高めるような物を下賜したという記録はなにもないのである。もし仮にそのようなことがあったとすれば、あれほど細かく記録する民族なのであるから、何がしかの記録が残っていると思われるのであるが何もないのである。朝賀は受け朝貢品のやりとりはしたのであろうが、権威づけをするような物は何もなかったのである。それは帥升が倭国王としての適性があるかどうかを、中国側が重視した結果なのである。中国は国家の正統性については敏感であり、現在の台湾問題をみてもわかるように、国土が幾つにも分かれて統治されるということは異常な状態の時代とみられ、必ずや統一され一朝となることが望まれているのである。

建武中元二年（AD五七年）漢王朝が認知した倭国統一王朝は委奴国（金印奴国）であった。しかるにこのとき朝貢したのは倭面土国という別の王朝であった。もし、当時の倭国に委奴国が存在していなければ、倭面土国は正統な王朝としてみとめられたはずである。そうならなかったのは、委奴国が依然として吉野ケ里にその都を構えていたからであろう。そのため漢王朝は、委奴国を無視して、もう一方の倭面土国を倭の盟主として認めるわけにはいかなかった。

意気揚々と大使節団を率い、倭国の盟主としての地位を認知してもらおうとした帥升の目論みはもろくも崩れさってしまったのである。

しかし認知はされなかったが、大規模な使節団への返礼はそれなりに多かったものと思われる。返礼の品物はどのようなものであったろうか。

後世、邪馬台国の女王卑弥呼が朝貢したとき、魏王朝から下賜された品々から考えてみたい。

＊卑弥呼に金印紫綬、使者（難升米牛利）に銀印青綬

＊織物―絳地《こうち》交竜錦五匹　絳地《こうち》縐《すう》粟《ぞく》罽《けい》十張　蒨《せい》絳《こう》五十匹　紺青五十匹　紺地句文錦三匹

細班華罽《かけい》五張　白絹五十匹

＊金八両　五尺刀二口　銅鏡百枚　真珠、鉛丹各五十斤

魏王朝は漢王朝の続きであり、中国の産物等もそれほど違いはないので、倭面土国王の場合も同様のものであったと思われる。金印と銀印以外は。

ただ卑弥呼の場合は魏王朝が成立したばかりであり、さっそく朝貢して来たということで生口十人班布二匹二丈と少ない貢物ではあったが、右のような大量の品物が下賜されたものであろう。この中で注目されているのは銅鏡である。特に汝の好物鏡とあり、北部九州から、前漢鏡も含めて大量の鏡が墓より発見されていることから、漢の時代を通じて鏡を好んで手に入れたようである。とするならば、帥升のときも鏡を貰ったと考えられる。

ただし倭人全般が鏡を好んだようではなく、好んだのは北部九州人だけである。出雲や瀬戸内、近畿からは二世紀以前の鏡は出土していないのである。

ただ金属に対しての関心の高さは、倭人縄文人共に相当なものであったらしく、各地方毎に特色のある銅器がもてはやされていたようである。

帥升の朝貢の時のことから考えて、渡海には、大型の船舶が使用されたはずである。くりぬき船程度の船ではないと思う。これほどの人数と貢物や下賜品を運ぶためには、かなりの大きさの

船が必要である。それらの船は中国の商船だったのであろうか。それとも倭人の造った船なのかわからないが、当時は民間レベルでの往来が結構ひんぱんであったろうと考えている。

中国との正式な国交は、この後百年以上後の二三八（九）年までまったくとぎれる事となる。その間いったい何が倭国にあったのか、倭面土国はいったいどうなったのか。他の国々の事情を調べながら、その行く末を追っていきたい。

近　畿

近畿地方とはいっても今回の舞台となるのは、兵庫県南部・京都府・大阪府・滋賀県・奈良県北部の地である。

高天の原神話圏の東限である淡路島が西に控えている。（高天原神話の東限は、イザナギノ命が葬られた滋賀県ではないかと思われるかもしれないが、私は淡路島であると考えている。）

この地域は考古学上は銅鐸圏といわれ、銅鐸が祭器として使われたところである。

今は広々とした平野の続く光景がみられるが、かつては、ここは大きな湖沼が広がる盆地でもあった。京都市南部には巨椋《おぐら》池が最近まであり、大阪府北部には、河内湖と名づけられた大きな潟が現大阪市の上町《うえまち》台地の東に広がっており、淀川や大和川が流れこんでいた。河口は上町台地の北端である。奈良県北部の大和盆地には、やはり大きな湖があった。ここはまた出雲神話に登場することから、出雲の勢力圏であると考えられている。

古事記をみてみると、ここでも大国主命の活躍がみられる。少名毘古那命が常世《とこよ》の国へ渡っていった後、

『ここに大国主神、愁ひて告りたまひしく「吾独《あれひとり》して何にかよくこの国を得《え》作らむ。孰《いず》れの神と吾《あれ》と、能《よ》くこの国を相作らむや。」とのりたまひき。このとき海を光して依りくる神ありき。その神の言りたまひしく「よく我が前を治めば、吾《あれ》能く共興《とも》に相作り成さむ。若《も》し然らずは国成り難《がた》けむ。」とのりたまひき。ここに大国主神曰《まを》ししく「然らば治め奉る状《さま》は奈何《いか》にぞ。」とまをしたまへば「吾《あれ》をば倭の青垣の東の山の上《へ》に拝《いつ》き奉《まつ》れ。」と答へ言りたまひき。

こは御諸《みもろ》山の上に坐《ま》す神なり。』とある。

御諸山とは奈良県磯城郡三輪山のことであり、この神を三輪山に祭ったのは大国主命であるという。

日本書紀では次のようである。

『そのとき不思議な光が海を照らして忽然として浮かんでくるものがあった。「もし私がいなか

ったら、お前はどうしてこの国を平らげることができたろうか。私があるからこそ、お前は大きな国を造る手柄を立てることができたのだ」と。このとき 大己貴神《おおあなもちのみこと》は尋ねていわれるのに「ではお前は何者か」と。答えて「私はお前に幸いをもたらす不思議な魂―幸魂《さきみたま》・奇魂《くしみたま》―だ」と。大己貴神が「そうです。分かりました。あなたは私の幸魂奇魂です。今どこに住みたいと思われますか。」と。答えていわれる。「私は日本国《やまとのくに》の三諸山に住みたいと思う」と。そこで宮をそのところに造って、行き住まわせた。これが大三輪《おおみわ》の神である。』とある。

これらのことから、奈良県北部までが大国主命の勢力圏であると考えられる。「海を光《てら》して」の海とは、出雲の海とされているが、大和盆地の湖の可能性もあると思う。

また、続日本紀嘉祥二年（八四九年）三月庚辰条に、この年興福寺の大法師等が仁明天皇に奉った長歌の一節に、

「日の本の、やまとの国をかみろぎの少彦名が葦菅を植え聖しつつ国固め造りけむより」云々とある。

干拓の時に、土地を固める時に葦菅を植えることは、今日でも行なわれている。古代において大和盆地に大きな湖（南北7㎞東西5㎞）があり、そこを少彦名が開拓したという話が仁明天皇の頃まで民間伝承として残っていたのである。

大和盆地に大きな湖があったということについて、樋口清之博士は、湖面が標高七〇米線あた

りにあった頃が石器時代の終り頃であり、五〇米線付近にあった頃が弥生式土器の時代であって湖面が消滅するのは、大体奈良時代の初期であるとしている。

また、万葉集巻一の舒明天皇の「大和には群《むら》山あれどとりよろふ天の香具《かぐ》山、登り立ち国見《くにみ》をすれば、国原は煙たちたつ海原はかまめたち立つ、うまし国ぞ、あきつ嶋大和の国は」の長歌をとり上げ「天香具山からは大阪湾の海はみえない。この『海原』は大和平野の中央に残存していた盆地湖であり、この『かまめ（鴎）』は、その盆地湖の上を飛翔していた鴎である」と論じた。また日本書紀斉明天皇二年条には、水工をして渠《みぞ》を穿ち、船二百艘をもって石上《いそのかみ》の石を多武峯《とうのみね》に運んだという記事をもって「水のない所に渠を穿つことは、いかなる王者も為さざるところである。当時大和平野の東辺には、まだ湖水の名残りをとどめる水域が残存していたことが、この記事によって知られる。」と論じた。

そのほか、古代の遺跡が、湖があったと推定される所から発見されない等から湖の存在が認められるのである。

この湖沼の消滅は、海岸（潟）などのように、河川による堆積ばかりによるものでなく、内陸で海より高い所にあるため、湖の出口の王寺、柏原間の大和川の谷間の河底が侵食されて低下することにより、湖面が低下していったのである。そのため、盆地東部にも、とりのこされた湖沼が存在したのである。

さて話は代わって、湖のあった大和盆地に、天孫降臨があったころ一人の人物が天磐船《あめのいわふね》に乗って生駒山に天降ったという。

古事記中巻神武天皇の所に、

『故ここに邇芸速日命《にぎはやひのみこと》参赴《まゐおもむ》きて天つ神の御子に白ししく「天つ神の御子天降《あまくだ》りましつと聞けり、故追いて参降《まゐくだ》り来つ」とまをしてすなわち天津瑞《あまつしるし》を献りて仕え奉りき。』とある。

日本書紀神武天皇紀に、

『さて長髄彦《ながすねひこ》は使いを送って天皇に言上し「昔、天神の御子が、天磐船に乗って天降られました。櫛玉饒速日命《くしたまにぎはやひのみこと》といいます。この人が我が妹の三炊屋媛《みかしきやひめ》を娶って子ができました。名を可美真手命《うましまでのみこと》といいます。それで手前は饒速日命を君として仕えています。一体天神の子は二人おられるのですか。どうしてまた天神の子を名乗って、人の土地を奪おうとするのですか。手前が思うのにそれは偽者《にせもの》でしょう。」と。

天皇がいわれる。

「天神の子は多くいる。お前が君とする人が、本当に天神の子ならば、必ず表《しるし》があるだろう。それを示しなさい。」と。長髄彦は饒速日命の天の羽羽矢《ははや》と歩靫《かちゆき》を天皇に示した。天皇はご覧になって「いつわりではない」といわれ、帰って所持の天の羽羽矢と、歩靫を長髄彦に示された。

（中略）天皇は饒速日命が天から降ったということは分り、いま忠誠のこころを尽くしたので、これをほめて寵愛された。これが物部《もののべ》氏の先祖である。』とある。

ここに出てくる饒速日命とは「先代旧事本紀《せんだいくじほんぎ》」にアメノオシホミミノ尊の子として出てくる。ニニギノ尊の兄弟ということになり、天孫の一人という事になる。アメノオシホミミノ命がヨロズハタトヨアキヅシヒメノ命との間に生んだ天火明《あめのほあかり》命と同一人物であるとされる。

先代旧事本紀（旧事紀《くじき》）は、六二〇年に勅を奉じて撰録されたものであるが、江戸中期に偽書であるとする説があらわれ、聖徳太子らが撰録したものではないことは現在定説となっている。しかし平安初期（早く見積もったとして八〇七～八五九年、遅く見積もったとして八二三～九〇六年になる）には成立していたものとみられている。

ニギハヤヒノ命の正式名「天照国照彦天火明櫛玉饒速日尊《あまてるくにてるひこあまのほあかるくしたまにぎはやひの》」又の名を「天火明命」「天照国照彦天火明尊」「饒速日尊」「胆杵磯丹杵穂命《たさいそにきほの》」などある。

古代の諸々の文献に、ニギハヤヒノ命の子孫という人達が載っている。

ニギハヤヒの子は宇摩志麻治尊《うましまちの》であり物部《もののべ》氏の祖であったという。「古事記」「日本書紀」「古語拾遺《こごしゅうい》」「新撰姓氏録」「先代旧事本紀」などが、物部氏はニギハヤヒノ命の子孫とする。

この中で特に「先代旧事本紀」は、物部氏を顕揚しようという意図を持つためか、ニギハヤヒノ命が畿内大和に天降った状況や物部氏の系譜などをかなり詳しく記している。

安本美典氏は「季刊邪馬台国五十八号」の中で、

「天孫族の饒速日《にぎはやひ》の命が皇族として大和に降臨するにおよび、大国主の神の宮殿は大三輪神社となり『出雲の国の造の神賀詞《かむよごと》』に記されているように、皇孫の守り神となったのであろう。それは天孫族の天の菩比《ほひ》の命が皇孫として出雲に降臨するにおよび、大国主の神は杵築の地に宮居をもつことになり、それが出雲大社となったのと事情がにている。

大三輪神社は大国主の神の子孫の大三輪氏がまつった。

皇孫の饒速日の尊がその地の君主となり、長髄彦がそれに仕えていた。

『日本書紀』の神武天皇紀に、長髄彦が『私は饒速日の命を君としてお仕えしていました。』といっているとおりである。」としている。

次にニギハヤヒノ尊が北部九州から天降って来たところは何処であろうか。

ニギハヤヒノ尊が天降りした場所について『先代旧事本紀』は次のように記す。

「ニギハヤヒノ尊は、天神の御祖先神のご命令で天磐船に乗り、河内の国の河上の哮峰に天降った。さらに大倭《やまと》の国の鳥見の白庭山《しらにはやま》（または白山）にうつった。」

『日本書紀』は神武天皇紀で次のように記す。

「ニギハヤヒノ命は、天磐船に乗り、大虚《おおぞら》を翔けり行き、この土地をみて天降った。」

哮峰については、北河内郡交野市私市《さきいち》にある磐船神社の『磐船』の地である。生駒山脈の北部であり、大和の生駒川の川上にもなる。天磐船といわれるものがある。一方吉田東伍氏は生駒山の最高峰を哮峰《いかるがのみね》としている。

ニギハヤヒノ尊は、登美の白庭山を墓所とし、そこは桜井市の鳥見山の付近との説もある。

出雲神話が古事記や風土記の中に残っているのに対し、同様に豊かな神話があったであろう近畿地方中央部には、少彦名命が葦を植えた話と、大三輪神社、大和三山の争いの話しかのこっていないのである。この地方の神話は、口伝で残っていたであろうが記録されることがなかったために、消えてしまったのである。各国風土記が散逸しなければ、その中にこの地方の神話伝承が記されていたであろうが残念である。（残っている神話も大国主命に関したものが多い。）

近畿地方の政治経済文化の中心地は、大和盆地であると考えがちであるが、それは大和朝廷が成立してからの話であって、弥生時代後期までは大和盆地は片田舎であった。当時の中心地は、大阪湾沿岸であったと考えられる。

大和盆地は近畿地方を中心とした祭器である銅鐸の消失が最も早い地域でもあった。銅鐸の製造地は、大阪府茨木市の東奈良遺跡から多くの鋳型が出土していることから、そこが中心地と考えられている。当然その辺りが近畿地方の主要部である。

大阪湾沿岸には、もう一つ大きな遺跡がある。それは、池上曽根《いけがみそね》遺跡である。

一九九五年、大阪府の南部の和泉市の弥生時代の遺跡である池上曽根遺跡から、大型建物が発見された。

みつかった建物跡は、長さ約二〇メートル、幅約七メートル、建物の高さは九・五メートル。ほぼ真東西を指向して建てられた高床式の建物で、床面積は畳約八三畳分であった。巨大な井戸跡も発見され、その直径は約二メートルであった。

当初この建物は、弥生中期終わり頃（一世紀）と報道された。この一世紀という数字は土器編年によるもので、その遺跡から出た土器が何時代のものかで、その遺跡の年代を推測するというものであった。

ところで、ここでこの建物の一部の材木が消失せずに残っているものが発掘された。湿地であったため、材木が腐らなかったためだ。その結果、この材木から年代を割り出そうということになった。

ちょっと前までは、材木が出土すると、年代の割り出しは炭素C14法という方法でわりだしたのであるが、近年、年輪年代法という方法が編みだされ、材木の絶対年代がわかるようになってきた。

これは木の成長が、その年の気候により制約を受け、年毎に年輪の幅が異なり、同一気候内では、同種類ならどの木でも、その年輪が同じ変化をしていることから、その木材がいつのものか確定できるというものである。光谷拓実氏によって、日本でも杉、桧について年輪測定法による年代の測定ができるようになってきた。

その結果でた柱根の伐採年代は、BC52年という数字であった。それは、それまでの土器による年代観よりも、なんと一〇〇年も古かった。これは画期的衝撃的なことであった。なぜなら事は池上曽根に停まらず、その土器が出土する所が皆、百年ぐらい年代がくりあがるということを意味したからである。当然弥生時代の中期後半から後期にかけての年代が、アコーデオンの蛇腹のようにひきのばされてくるわけである。

現在この遺跡は復元され、巨大な建造物があたりを圧して建っている。ただこの遺跡自体はかなり古く、本書でとりあげている事項にははいらないのである。この件については、またの機会に考証したい。

瀬戸内

生憎私は、瀬戸内海をみたことがない。正しく言うと、周防灘と淡路島付近の海はみたことはあるが、写真（観光用）でみるような風光明美な瀬戸内海はみたことはない。

瀬戸内海は多島海であり、東西ざっと三八〇キロメートル、幅が五〇キロメートルと東西に長く、その中に無数の島々が散らばっている。特に芸予諸島の東部は、島々が重なりあっているという状態で島々の間を細い水路が網の目の如くはりめぐらされているといった状態である。氷河期には、この内海は陸地であり、そのときに浸食されてとり残された山々が、海上に突き出ている状態なのである。水深は全般に深く、航行上さまたげとなるような浅瀬もない。しかも多くの島々が風除けとなり、波静かで古い時代の帆船にとっては安全な通路であった。ただ東と西の出口は狭い海峡となっており、潮の満干のときに速い潮流があることが知られている。

江戸時代以来ここは水上交通が栄え、諸国の物産を積んだ千石船が行き交う海のメインストリートであった。それは明治以降今日にいたるまで変わっていない。

江戸時代以来と書いたが、それ以前はそうはいかなかった。理由は海賊である。平安時代の藤原純友の乱にみる如く、この内海は海賊の格好のすみか、活躍の舞台でもあった。島々の間は狭く襲われたら逃げようがないのである。江戸時代以前は、船を襲い略奪するだけでは誰も通るものがいなくなり、つまるところ自分達の生活がなりたたないため、通行する船から通行税をとり、安全を保障するようになっていた。それらを水軍といい、内海の各所に拠を構えていた。

それ以前の時代は、権力の安定したときは、安全に通行でき、乱れたときは忽ち交通が途絶えるという状態であったと思われる。瀬戸内海を東から西まで踏破するのは、並みたいていではなかったものと思われる。

弥生後期の祭器を各々共有する6地域（近藤喬一「東アジアと青銅祭器」［松本清張編『銅剣・銅鐸・銅矛と出雲王国の時代』日本放送出版協会刊所収］による）

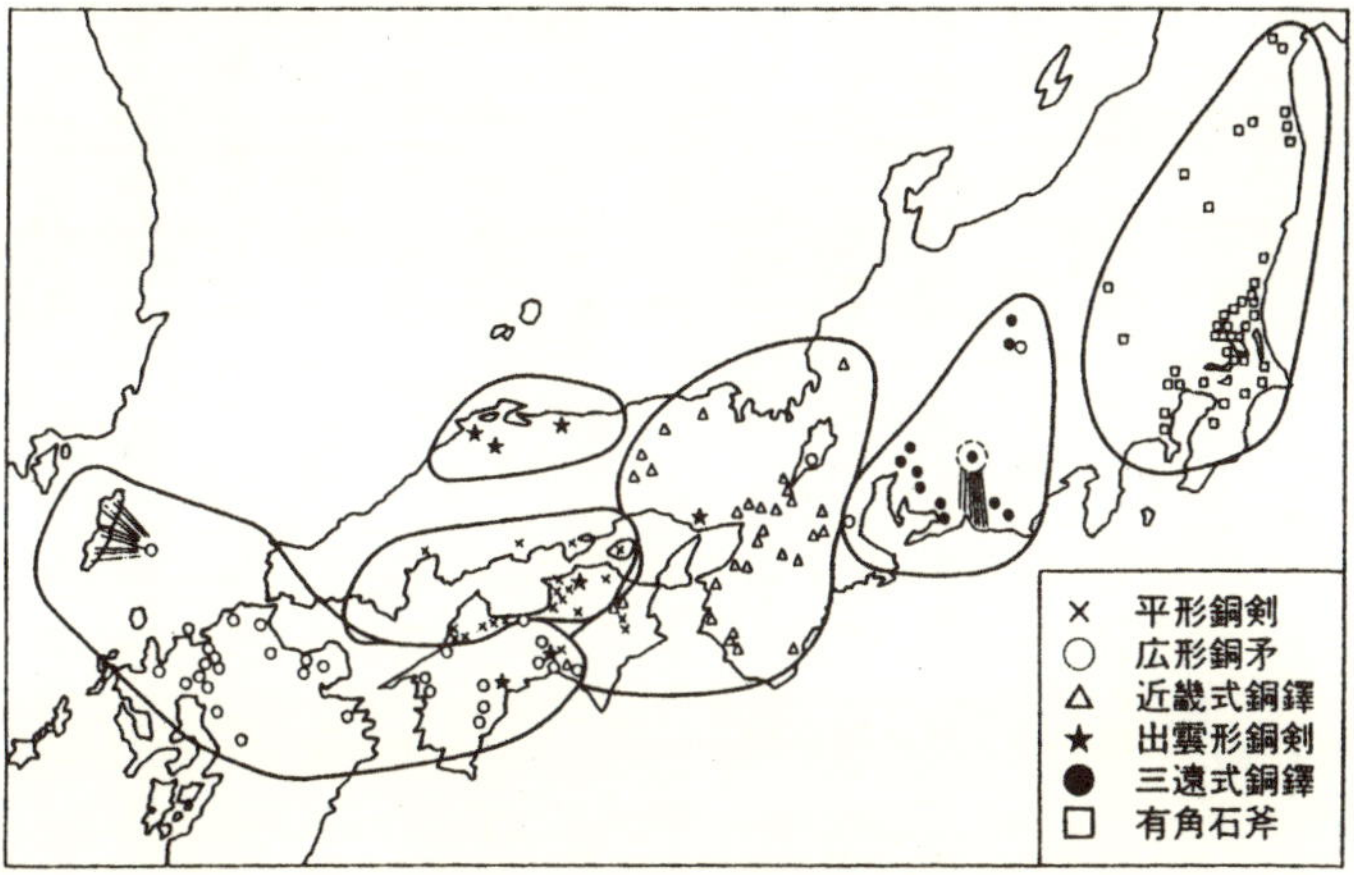

（衝撃の古代出雲　産能大学出版部）

「日本書紀」の垂仁天皇紀に、崇神天皇の時代に都怒我阿羅斯等《つぬがあらしと》という人物が、越《こし》の国の笥飯《けひ》の浦についたという。彼は、「初めは穴門《あなと》（長門国、現山口県西部）についたが、道がわからず島浦を伝い歩き、北海から回って出雲国を経てここに来た。」といったという。つまり瀬戸内海を通れなかったというのである。それで越の国まできて大和へ上がったのである。（なお都怒我阿羅斯等に角がはえていたという話であるが、このように頭部に角〈犀のような角皮質〉が生える病気があるということを載せていた雑誌をみたことがある。写真では、耳の後ろに生えていたが、額に生えた場合もあるという。場所は中国東北部であり、朝鮮と陸続きであることから、この種の病気が伝わっていたのであろう。）

しかし新羅の王子天日槍《あめのひぼこ》が来日した時は、内海を通行したことがわかる。これは崇神天皇が四道将軍を山陽道につかわし、平定させた結果であると思われる。

高天の原神話の国生みの東限は淡路島であった。

今一度「古事記」による国生みの国をみてみよう。

「淡道《あはぢ》の穂《ほ》の狭別《さわけの》島。伊予《いよ》の二名《ふたなの》島を生みき。この島は、身《み》一つにして面四《おもよ》つあり。面毎《おもごと》に名あり。故《かれ》、伊予国《いよの》は愛比売《えひめ》といい、讃岐国《さぬきの》は飯依比古《いひよりひこ》といい、粟国《あはの》は大宜都比売《おほげつひめ》といい、土左《とさの》国は建依別《たけよりわけ》といふ。次に隠伎《おき》の三子《みつごの》島を生みき。亦《また》の名は天之忍許呂別《あめのおしころわけ》。次に筑紫《つくしの》島を生みき。この島もまた身一つにして面四つあり。面毎に名あり。故、筑紫国は白日別《しらひわけ》といい、豊《とよ》国は豊日別《とよひわけ》といい、肥《ひの》国は建日向日豊久士比泥別《たけひむかひとよくじひねわけ》といい、熊曾《くまその》国は建日別《たけひわけ》という。次に伊伎《いきの》島を生みき。亦の名は天比登都柱《あめひとつばしら》という。次に津《つ》島を生みき。亦の名は天之狭手依比売《あめのさでよりひめ》という。次に佐度《さどの》島を生みき。次に大倭豊秋津《おほやまとよあきづ》島を生みき。亦の名は天御虚空豊秋津値別《あまつみそらとよあきづねわけ》という。故、この八島《やしま》を先《さき》に生めるによりて、大八島国《おほやしまぐに》という。

然《しかり》ありて後《のち》、還《かへ》ります時、吉備児島《きびのこじま》を生みき。亦の名は建日方別《たけひかたわけ》という。次に小豆島《あづきじま》を生みき。亦の名は大野手比売《おほでひめ》という。次に大島を生みき。亦の名は大多麻流別《おほたまるわけ》という。つぎに女島《ひめじま》を生みき。亦の名は天一根《あめのひとつね》という。次に知訶《ちかの》島を生みき。亦の名は天之忍男《あめのおしを》という。次に両児《ふたごの》島を生みき。亦の名は天両屋《あめのふたつや》という。」

こうして生んだ国々をみてみると、多くは小さな島々で、大きな島は、伊予の二名島と筑紫島大倭豊秋津島の三島であるが、大倭豊秋津島は身一つにして面がないことから、やはり豊（大分県）秋津（別府湾岸）であろう。

とすると、瀬戸内地方においては高天の原の勢力地は、四国全島と吉備児島、小豆島、大島、女島、淡路島ということになる。四国は全島が勢力圏であるが、向いの山陽地方は小さな島々だけが圏内であり、本土の部分は圏外であったということになる。

瀬戸内海をはさんで、北と南は何か違うのである。このことは考古学的にも表れている。それは弥生時代の西日本の特徴でもある銅製品の出土状況である。

この地域は、西の武器形祭器と東の銅鐸の両方が入りこみ、西は武器型が多く、東は銅鐸が多いのであるが、山陽地方の南岸部では銅器の出土が少ないのである。特に北部九州に最も近い山口県ではほとんど出土していないのである。図をみても分かるように四国の東側は、銅鐸の出土がみられるが、対岸の岡山県にはあまり出土がみられない。兵庫県どまりである。銅矛の分布域も、四国西南部は分布域なのに山陽地方にはほとんど分布していない。銅剣においても、この地方には平形銅剣という剣が独自の発達をみせるのであるが、それも四国の北半に集中し山陽地方にはあまりみられない。北岸と南岸では、異質の部族が存在したのかもしれない。

国生みが高天の原の最大進出圏を表わすとするならば、淡路島まで達した部族はその後どうな

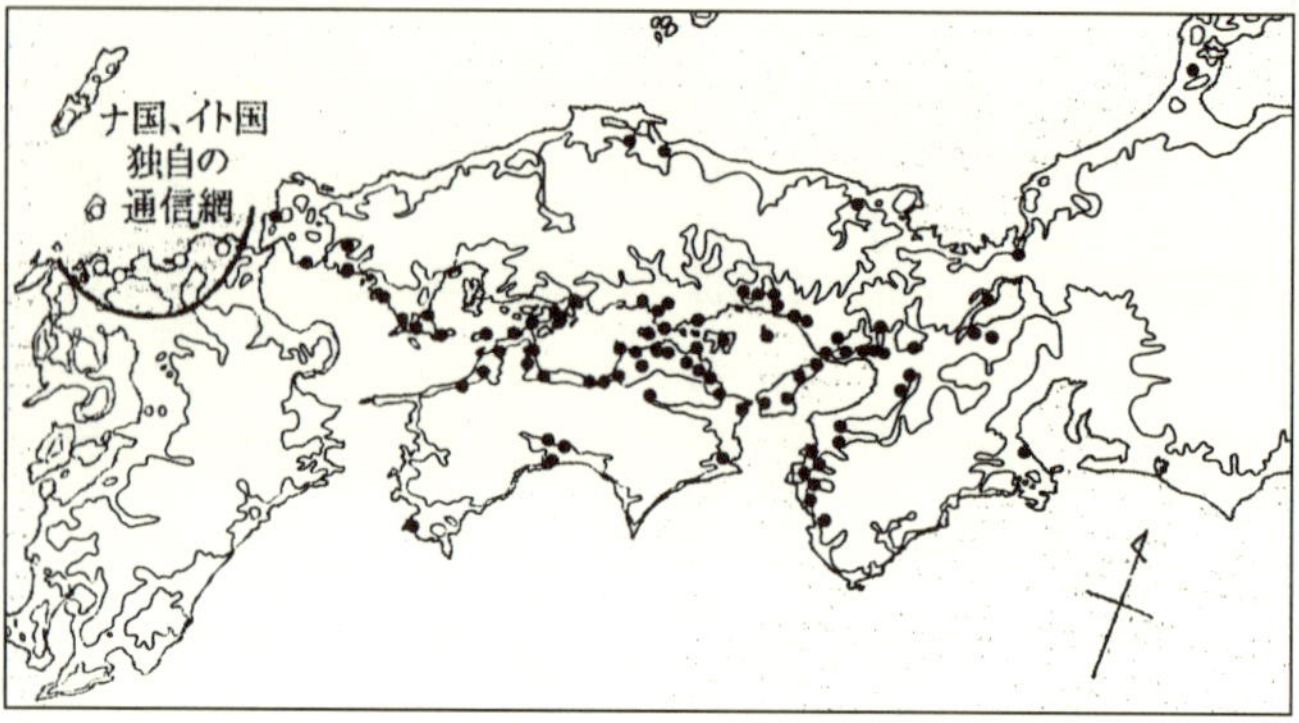

第１次高地性集落の分布　中期後半から後期初め（前１世紀後半〜１世紀）にかけて作られた典型的な高地性集落は、ほとんどが瀬戸内海沿岸に密集する

（日本の歴史　王権誕生　講談社）

ったのであろうか。「記紀」神話には、瀬戸内のことはまったく登場しなくなるのである。

この風光明美な瀬戸内の海を囲んで、高台に弥生時代の住居跡が多く発見されている。それらは高地性集落と呼ばれ、敵が襲来して来たときに一時的に避難する逃げ城的なものと考えられている。こうした敵襲来のときに逃げ込む拠点を作ることは、外国でもみられ、ヨーロッパではバイキングの襲来を避けて海岸から離れて住んだというし、朝鮮や中国では倭寇《わこう》を避けて内陸へ居を移したという。

瀬戸内に住む人々の外敵は西からやって来た。

北部九州を出発した武装集団は、沿岸の村々を襲いながら、東へ東へと進んでいった。それはおそらく、弥生中期前半から活発化していったものと思われる。なかにはそこに住み着いたり、拠点を築きあげたりした集団もあったものと思われる。結果的にはどのような形でおちついたのかはわからないが、地形の複雑さなどからみて、全体として統一されることはなかったものと考えられる。

ただ四国西部は、出雲の勢力が浸透し始めたようで、大国主命と少彦名命の逸話があり、大国主命が進出して来ていたことはわかる。ただ、失敗したようではあるが。

一方、瀬戸内東部や近畿地方においては、東進してくる武装集団に対して、古くから個々に高地性集落を築いて対抗していたが、大国主命がその勢力を伸ばしてくると、その勢力下に入り、共同して事にあたることになったようである。

瀬戸内海の東端には淡路島が控え、内海と大阪湾を隔てており、島の北端と南端が海峡となり通路となっているが、その海峡をおさえると西からの侵入をもっとも効果的に防ぐことができるのである。ご存じのごとく、北は明石海峡、南は鳴門海峡である。

そのため、ここには防備のための軍団がおかれていたものと思われる。大国主命の影響下とするならば、時期は西暦二十年から五十年ぐらいである。第一次高地性集落の末期である。

後に、国譲りの事件のときに、建御名方命《たけみなかたの》が逃げてきたのはこの辺りと考えられる。

従来は、建御名方命は長野県の諏訪湖に落ちのびたとされていたが、諏訪湖では遠すぎる。実話として考えるならば、出雲からそう遠くない、せいぜい三、四日ぐらいのところであろう。大国主命の勢力圏内で、軍団が置かれていたところに逃げ込んだものと考えられる。

そこは「州羽《すわ》の海」というところから、海岸部であったろう。そして、大国主命の勢力下で海岸部に軍団を置く必要のあった（出雲より東部で）ところは、西からの侵入を防ぐためにおかれていたと思われる、明石海峡しかないのである。

明石海峡の近くには、須磨《すま》とか洲本《すもと》という地名が存在するが、これらは「州羽《すわ》」の「州《す》」の残存地名であると考えられる。

現在大阪湾と呼ばれている海が、古代「州羽の海」と呼ばれていたと考えられる。しかし、この軍団も、建御雷神《たけみかづちの》軍の前にはひとたまりもなかったようである。

その後、倭国統一に乗り出した金印奴国によって統括されたのであるが、金印奴国の衰弱と共に再びその手を離れることとなった。倭面土国に属したかどうかはわからない。邪馬台国によって北部九州がまとまった時においても「魏志倭人伝」に「その東また国あり、皆倭種なり」と表れたごとく、完全にその手を離れていたのである。当然中国に朝貢することもなかった。

おそらく近畿勢力が瀬戸内海を通ることはできなかったであろう。通ろうとすると海賊による略奪に合うことになる。交渉により貢物を出しながら進んだとすると、何十とあるかもしれない集団に一つ一つ配っていたら、抜け出る頃にはスッカラカンになっているだろう。帰り道も同じことである。

近畿地方の国々が中国や朝鮮、九州と交流するときは、北に進み、丹後地方あたりから海に出て、日本海を西進する道を選んだであろう。

このコースは、大国主命の治世下にあり、安全に通行することができたのである。

（近畿地方の住民について、古田武彦氏は、漢書地理誌に出てくる「会稽海外に東鯷《とうてい》人あり。分かれて二十余国を為す。歳時以て来り献見す、と云う。」の東鯷人にあたるとし「漢書地理誌の「分野」が「呉地」に記載されていることから、〝呉地（会稽郡治）を経過して〟洛陽、長安へ向かっていた。と考え「この東鯷人は銅矛圏の「倭人」とは、必ずしも〝友好的〟ではなかったようである。したがって倭人が朝鮮半島の燕地を通って漢の都に貢献したのに対して、東鯷人は四国、九州の南方海上を通り、沖縄諸島を経由して呉地に渡り、洛陽、長安に至る、という遠大なコースをとったものと思われる。」（邪馬壹国の論理　古田武彦　朝日新聞社）としている。

近畿地方の住民が東鯷人であったかは別にして、近畿地方の国々が中国にいくのにこのコースをとるのは、遠大すぎると私は考える。

近畿地方諸国に友好的な大国主命や倭面土国の時代は、日本海側のコースをとることができたと思う。それ以外の時でも、南海コースは無理だと思う。

また近畿地方の国々が呉地に至って朝貢していたとすれば、ぐっと後世において、近畿地方に三角縁神獣鏡や前方後円墳など、江南地方の影響がみられる文化が発達したことは興味深い。）

出雲

帥升は倭面土国の独立を確実にするために周囲の国々に工作を開始した。その最も重要な国の一つが出雲のクニグニであった。かつて大国主命の下に平和な社会を作りあげていた出雲のクニグニは、国譲りによって金印奴国の統治下に入ったのであるが、その扱いは平等とは言えず、被支配地として人々は降伏者として扱われたようであり、各所で反発するクニグニが抵抗をくり広げることとなった。そのため、山陰地方の人々は高地へと移動することとなった。

金印奴国は、天菩比命《あめのほひの》を出雲の支配者として配置し、山陰地方を治めようとした。

アメノホヒノ命はアマテラス大御神とスサノヲノ命の誓《うけ》ひの時に、アマテラス大御神の持ち物から生まれた五人の子の一人で大国主命と国譲りの交渉をするように出雲に遣わされた人物である。しかし大国主命に媚び付き、三年たっても復命しなかったという。その後派遣された天若日子は八年たっても復命しなかった後に、暗殺されてしまった。合わせて十一年間、二倍暦だとして五年ぐらい、アメノホヒノ命は大国主命のもとにいたことになる。

復命しなかったわけについては、高天の原が金印奴国の高木神に牛耳られていることに反発したとしたが、そのほかにも、大国主命の人柄にほれこんで懐柔されたものとみた。

アメノワカヒコが殺されたのに、アメノホヒノ神は、その後出雲の統治を任されたのであるが、国譲りの時に、どのような行動をとったのかは明らかでない。彼はスパイであったとの説もある。しかし結局、アメノホヒノ神一族は、その後出雲大社の祭祀を担当することとなった。いってみれば監視役である。復命せず裏切ったともいえるアメノホヒノ神が、出雲地方一帯の領主となったわけは、ひとえにアマテラス大御神の子であることにあったと思う。そして大国主命のもとに数年居たことで、出雲地方一帯のことをよく知っていたからであろう。

しかしこの後、金印奴国による支配は長く続かなかった。出雲の人々は金印奴国に反発し、また九州内における金印奴国そのものに原因があってか、その統制力は弱まり、出雲地方は再び独立状態となっていった。

そうした中で、大国主命への思慕の念は出雲人の中に高まり、出雲大社に祭られている大国主命への崇拝を強め、永く篤く信仰を集めることとなった。

一方その祭祀を努めるアメノホヒノ神は、それに逆らうことなく、自身も大国主命に傾注していたことから同調し、出雲の人々の信頼を得て、出雲の支配者としての立場を確立することができた。それは現在まで続き、「国造《こくそう》さん」として出雲の人々に親しまれている。

金印奴国の影響力が退いていった時、新しい王者が出雲へ働きかけてきた。それが倭面土国王帥升である。

彼がもっとも力を入れて働きかけたのは、やはり出雲の人々の信仰を一手に集めていた出雲大社であった。そして誼《よしみ》を通じるために奉納したものが三五八本にのぼる銅剣であった。

第一章の荒神谷遺跡の所では、発掘の状況について述べたが、今度は製造年と製造場所、製造者そして埋納者と埋納時期の検討に入りたい。

銅剣の製造時期であるが、まず日本出土の銅剣の形式と出土分布域について考えたい。

まず荒神谷銅剣は、中細形c類という形式であり、出雲を中心として中国地方の一部にのみ出土しているということである。

前章でも述べたことであるが、銅剣の形状は時代が進むにつれて大型化していき、細形銅剣から中細形と大きくなり、中細形はa類32〜37㎝、b類40〜46㎝、c類48〜54㎝と分類されている。つぎには更に身幅も広くなり、中広形となって終わりとなる。他に平形銅剣がある。

荒神谷銅剣は銅剣の中でも新しい物である。弥生時代中期から後期初頭といわれている。

しかしこのタイプの変遷というのは、一般にそういう傾向がみられるということであって、ある時代には必ずあるタイプだけが作られるというわけではない。細形の時代に中細c類や中広、平形が作られたことはないが、中細c類や中広、平形の時代に細形は決して作られなかったわけではない。現代の陶器をみても、古い時代の焼き物を再現したりすることは珍しいことではない。

次に銅器の材料である青銅の産地であるが、青銅とは銅と錫の合金である。鉛も検出されるが鋳造の過程で流れやすくするために混ぜるということである。

ところでこの青銅の中に含まれている鉛の同位体を調べることにより、青銅や鉛の産地を調べることができるという。銅には同位体がないので、鉛により産地を決定するということである。鉛は華北産・華中産・朝鮮産の三種がある。その結果荒神谷の青銅は華北産であることがわかった。

馬淵久夫氏は、青銅に含まれている鉛の同位体比の分析結果をもとに銅剣の原材料の産地を推定している。つまり鉛は、質量の異なる四つの同位体の組み合わせであるが、鉱山ごとに同位体の量（比率）が変動するという特性がある。そこで青銅器に含まれている鉛の同位体量が分かれば、その鉱山がわかり、青銅器の材料の原産地が推定できるというわけである。

ところが、この鉛同位体分析法は意外な弱点があるのである。これはあくまでも青銅の中の鉛の産地であって、銅や錫の産地ではないのである。

日本、中国、朝鮮産の鉛鉱石は鉱山によって違い、中国と日本とでも、ある鉱山同士は似た値を示すという。製造の過程で、二種の鉛が混ぜられる場合があること、更に銅と鉛の産地は異なるのである。例えば朝鮮銅に華北鉛を混ぜると、その青銅は華北産と称されることになる。銅と錫の同位体比は地球上どこの鉱山のものも同じである。

馬淵久夫氏は、古代中国、朝鮮からインゴットとして輸入したと推定している。そして、そのインゴット成分は、そのまま溶かして鋳型に流し込めばよいようにほどよく調合されているものという。

また現代の鋳造にたずさわる職人さんに聞くと、鋳造する品物の大小、形態、硬軟、色合いなど質に応じて「湯回り（溶銅の流れ）」が異なるので、鉛や錫の調合を変える必要があるとのことであった。さらに鉛は料理でいえば調味料にあたるから、銅鉱に元来含まれている鉛以外に時に応じて加えるものだという。（荒神谷遺跡 p143）

青銅の銅の産地については、他に国産説があり、速水保孝氏は、出雲の工人が出雲産の銅を素材として現地鋳造し、各地へ分与するために保有したとしている。出雲では、島根半島をはじめとして各地に自然銅（純度八十パーセント以上）が多量にある。また鉱山としては、安来近くの宝満山鉱山は有名である。なお鋳型は発見されていない。

荒神谷銅剣について話をすすめたい。

これらの銅剣を、誰が何時何処で何のために製作したのであろうか。考えるポイントの一つは、三五八本という大量の本数であること、そして全てが中細形c類に属すること、丁寧に埋納されていること、そして宍道湖の近くであることとである。

そもそも銅剣とは、朝鮮半島から渡来した物である。しかもそれは貿易等によりもたらされた物ではなく、新民族が携えて北部九州に移住して来たものであり、はじめから宗教的なものとして扱われ、銅剣を崇め奉る風習（甕棺《かめかん》への副葬）も、そのときそれらの人々と共に持ち込まれたものと考えられる。

当初の銅剣は細形とよばれ、長さが短く幅も狭い、いわゆる鋭利な形をしており、実戦用としても使えるものと思われた。初めは渡来人によって持ち込まれた銅剣も、やがて国内でも生産される（生産技術ももってきた）ようになり、鋳型も発見されている。

鋳型の出土や甕棺墓に副葬されていたものから、年代も推定されるようになり、それは弥生時代前期までさかのぼるのではないかとみられている。時代がたつうちに、身も長く幅も広いものが製作されるようになり、中細形と分類されるものが出現したことは前述した。

中細形銅剣の出現時期は、中期中葉以前であることは判明しており、a類は中期前半から中期後半、b類は中期後半からとみられる。c類については、岩永省三氏は「c類の年代の直接の手がかりはまだない。しかしb類の年代が上がることによって従来の説より上げる必要がでてこよう。私もかつて中期末～後期初頭と考えていたが、現在では中期後葉を中心とするが、上限が中葉まで上がる可能性あり、と見ている。」としている。

これは、c類は、b類の後に間を置かずに出現しているとみているということと、時期がまだ確定していないようだということがよみとれる。

次に銅剣の発見される状況であるが、甕棺墓より副葬品として発見されるのが通例である。それは当初から、細形銅剣は死者の副葬品として扱う風習が、そのまま渡来人により持ち込まれ、実行されていたものと解釈できるのであるが、やがて次第に大型になっていくにつれて、祭祀用としても使われるようになってきた。

それらの過程を「荒神谷遺跡と青銅器（同胞舎出版）」の中の岩永省三氏の文を引用して説明したい。

「北部九州における青銅武器類の墓への副葬は中広形以降の形式ではかなり減少するが、中細形では副葬例と埋納例がほぼ半々である。ここで注意を要するのは、中細形を副葬した墓が各地域の有力集団の首長ないし構成員のものであることである。

青銅武器類の副葬は基本的には中細形で絶えるから、本来青銅武器類の祭器化と個人の墓への副葬とは両立しなかったと考えたい。」

「北部九州では、中期前葉以降、中細形の祭器化埋納が始まるが、細形・中細形の墓への副葬も、しばらくは根強く残っている。」

「ここで問題なのは、中細形出現後の細形との交替の状況である。存在だけみれば、銅剣・銅矛・銅戈ともに中期中葉まで両者が並存し、中細形の出現によって、細形が駆逐されるわけではない。それは、細形と中細形が同一の鋳型の表裏に彫られた事例から明らかである。しかし、この間に扱われ方の点でしだいに、細形と中細形の差がでてくる。細形は中期中葉まで終始副葬品であり続け、埋納されないが、中細形は約半数が副葬品であるが、他の半数は埋納品に転化する。さらに細形の副葬品としてのあり方、中細形の副葬品から埋納品への転化の仕方の双方において銅剣と銅矛、銅戈とで差が生じる。銅剣では、中期後葉に鉄製武器類にとって替わられるまで、細形銅剣が終始副葬用青銅武器の首座としての地位を保持し数もへらないのに対し、銅矛、銅戈では、中細形出現後には細形は漸減し、副葬用としても、中細形に交替する。」

そしてさらに、

「祭祀用はほとんどなかったのだが、生産がはじまると、製品の大半が儀礼の道具となってしまう。特に青銅武器が武器として使用可能なものから武器形祭器へ単なる儀仗を越えて純然たる祭器への変化を辿ったことは、世界的にみて特異な現象であると評価できよう。」

つまり渡来人と共に渡ってきた細形銅剣は、はじめは副葬品として扱われたが、やがて祭祀用へと変化し大型化していったというわけであり、中細形は副葬と埋納の両方に使われていたというわけである。ただここで誤解されては困るのだが、中細形は埋納するために作られたということではない。作ってすぐに埋納したわけではない。やはり祭祀用であるからして、祭りごとに使い、使い終わったら飾っておいたり、または埋めておいて使うときに掘り起こすという使い方であったと思われる。

次は銅剣の成分と鋳造についてであるが、銅剣の材料である青銅は、銅と錫の合金であり、銅と錫の性質が残っていながら、新しい性質を備えた金属であり銅よりも堅い性質を持つ。銅は赤みがかった金属であり（赤銅色）錫は白銀色であり、どちらも光る。銅と錫の割合が少しずつ異なると、合金の性質は順次変化する。古代の青銅には、銅と錫に鉛が加えられている場合が多い。銅と錫だけの青銅は、湯流れが悪く鋳造しにくい合金であるが、これに鉛を加えると、鋳造やその後の加工が容易になるため、古代青銅器には五パーセント前後の鉛が添加されている。これら複数の金属原料を溶かし合わせ、鋳型に流し込んで青銅器はつくられる。

錫濃度が〇～五％の場合、いわゆる銅色で割れにくいが一〇～二〇％で金色となり強度も高くなる。二〇～二五％で淡黄色となり堅くなる。三〇～三五％となると、ほとんど白色（いわゆる金属光沢）となり非常に堅いため、かえって割れやすくなる。博物館などでみる銅剣は、青黒い（緑黒い）色をしているが、できあがったばかりの時は金色に輝いていたのである。

青銅器製品を作る時は鋳型を使う。その鋳型がこわれたりして廃棄された状態で出土するので、その時に共出する土器等を目安にしてその年代を決めることができる。とはいっても、それはあくまでも廃棄された時点の年代であって、最後の製品が作られた年代と考えられる場合もある。というのは大きい物であるのでほかの物に再利用される場合もあるからである。

北部九州でみつかっている弥生時代の青銅器の鋳型は、すべて石を材料とする石型であり、石材は、石英—長石班岩（佐賀西部出）を使ったものが93％を占め、残りは滑石片岩、流紋岩質岩という。石材はどこでも採取が可能というものではない。出雲産だとすれば、来待《きまち》石があるが未発見である。石製の鋳型からは二個一組で製品を少なくとも数本は得ることが可能であるという。「鋳型一組の重さを二キロと仮定し、三五八本を作るのに五〇組用意したとすると、六〇〇キロ、一〇〇組とすると一・二トンとなる。産地で切り出した原材は二トン前後ではないかという。あまり大量なので、土製の鋳型を使用したかもしれない可能性も検討する価値はあろう。」（荒神谷遺跡と青銅器　島根県古代文化センター編　春成秀爾）

前述したように鉛は産出地によって質量が異なる。鉛は重さの違う四種類の鉛が混じりあってできており、その四種の混じりあい方（混合比率—同位体比）が産出地によって異なっている。質量（重さ）が204—206—207—208のものがあり、この混じり方が産地によって違うのである。

そして青銅器の鉛の混じりあい方を調べることによって、青銅が作られる時に入れられた鉛の産地が分かるのである。

そして古代の銅器を調べた結果、おもしろいことがわかった。

一つは、時代によって使われた鉛が異なっているということ。

もう一つは、同じ種類（分類）の銅器には同じ鉛が使われているということである。これは、ある種類の鏡の材料は同じインゴットの物を使っているということである。

そして質量数二〇七の鉛と二〇六の鉛との比を横軸にとり、質量数二〇八の鉛と二〇六の鉛との比とを縦軸にとって、平面上にプロットすると、多くの青銅器がかなり整然と分類されることが分かった。

それは大きく三つのグループに分類される。

（1）「直線L」の上にほぼのるもの。

朝鮮半島鉛（細形銅剣、細形銅矛、細形銅戈《どうか》、多鈕細文鏡《たちゅうさいもんきょう》）

（2）「領域A」に分布するもの

華北鉛（平原《ひらばる》遺跡青銅鏡等）

（3）「領域B」に分布するもの

華中・華南鉛（三角縁神獣鏡）

（4）「領域Y」（Aの中でさらに狭い区域に分布する。p152の図）

華北鉛（小型仿《ぼう》製鏡Ⅱ型、広形銅矛、広形銅戈、近畿式銅鐸、三遠式銅鐸、小銅鐸）

日本出土青銅器の鉛同位体比分布

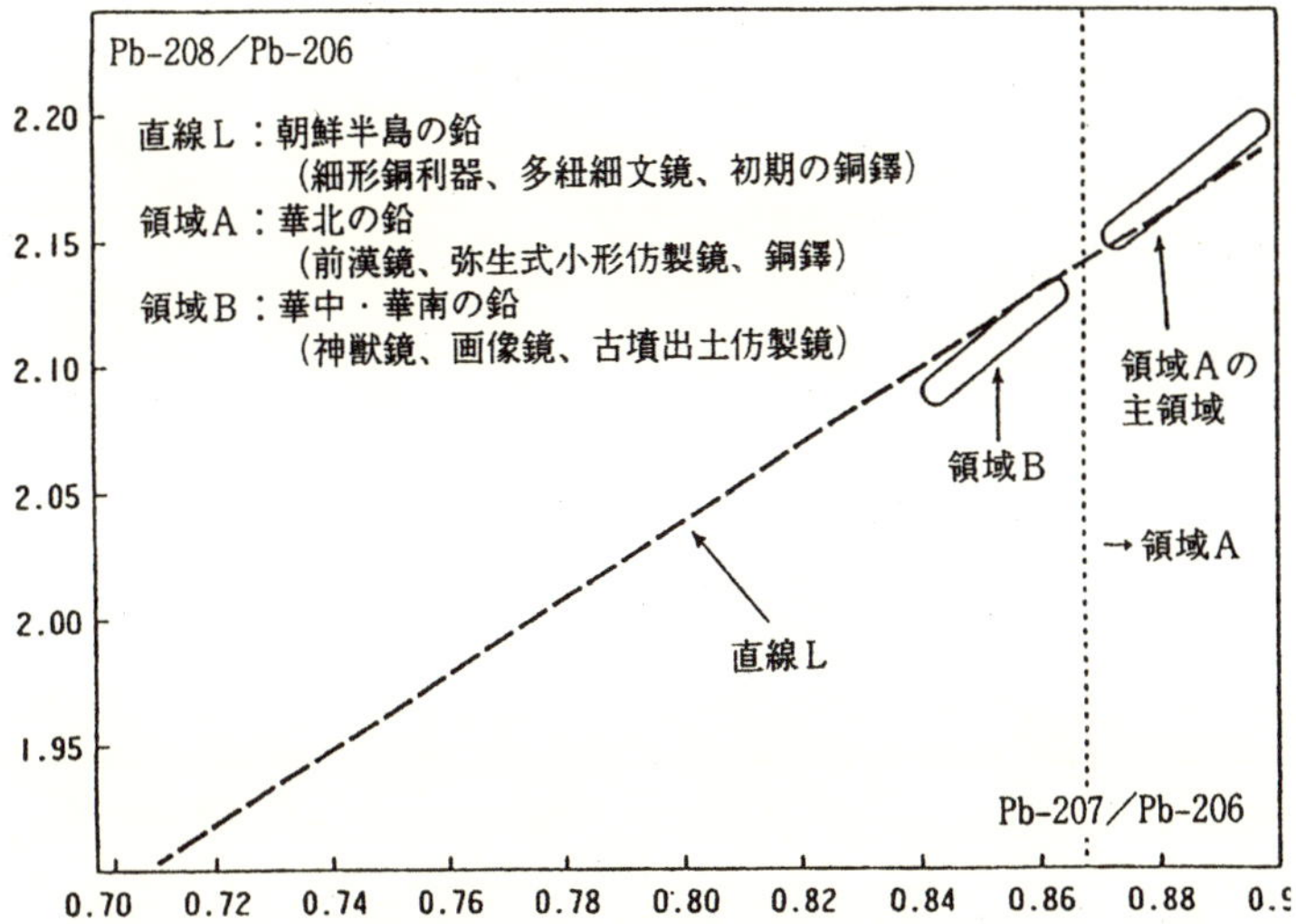

（衝撃の古代出雲　産能大学出版部）

荒神谷遺跡から出土した三五八本の銅剣の分布の中心は「領域A」の左側ALにある。「領域Y」とかなり重なりあう。分布密度の濃い中心部ははっきりしている。そして左右ともに、細形銅剣の分布する方向にのびている。

つまり華北銅を中心として一昔前の朝鮮産の細形銅剣などが混ぜ合わされているとみられる。

さて問題は年代である。確かに時代順に並べてみると、朝鮮銅—華北銅—華中、華南銅とならんでいる。そして大要はこれで間違いではない。しかし銅や鉛の産地の鉱山の寿命というのは相当長い場合があり、数百年も続く鉱山もある。そうすると、その鉱山の金属を使って製作し

荒神谷遺跡出土の銅剣の鉛の同位体比

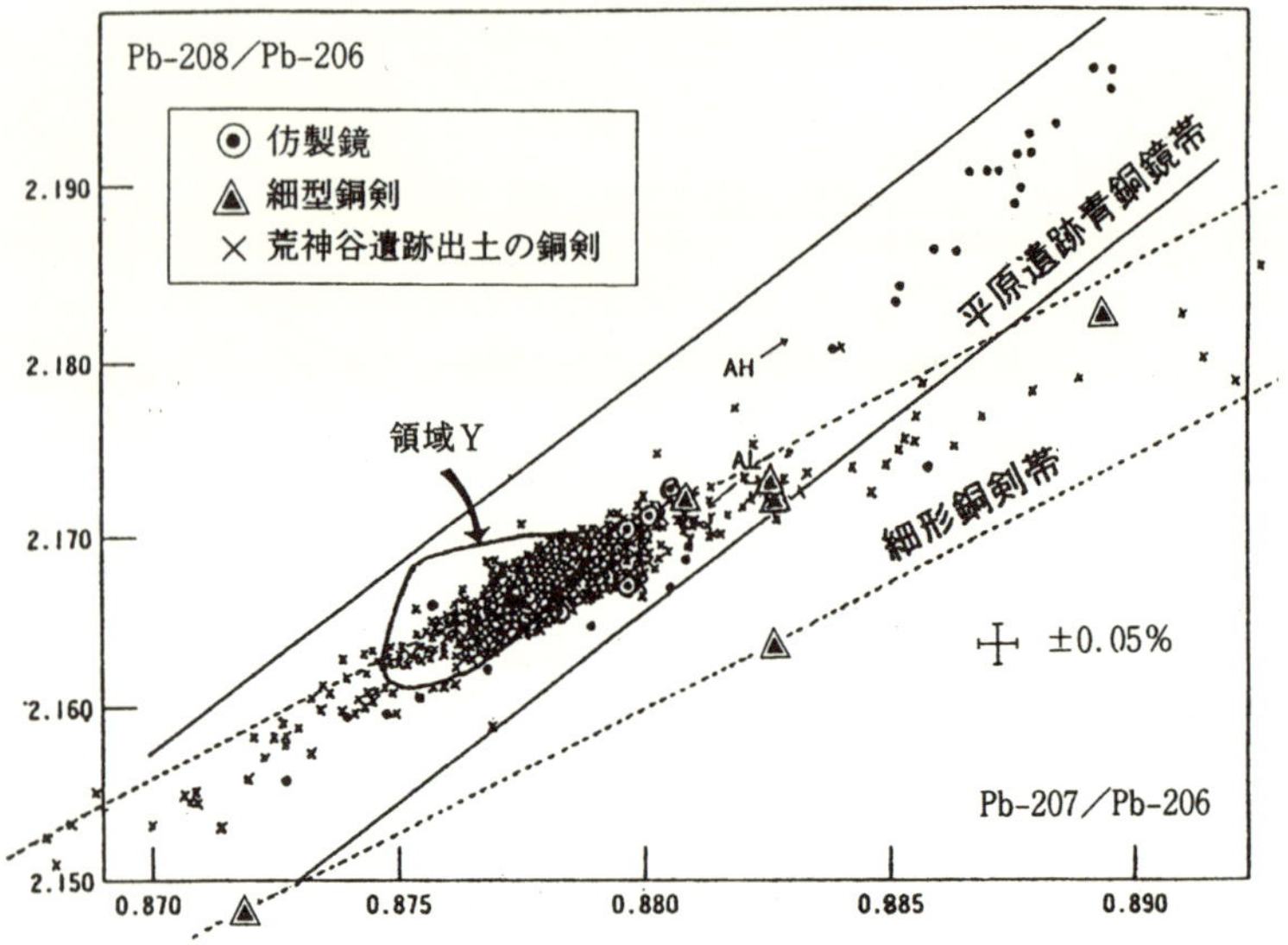

（衝撃の古代出雲　産能大学出版部）

た場合、その製作年代は数百年にわたるということになる。

朝鮮銅に関しては、早い時代にだけみられ、後が続かなかったようであり、渡来したときに所持していたものが中心であったと思われる。その後は華北銅の時代となり期間も長く、大量であったと思われる。分類の「領域Y」にはいる小型仿製鏡Ⅱ型、広形銅矛、広形銅戈、近畿式銅鐸三遠式銅鐸、小銅鐸など後期の青銅器は同じ領域にはいることから、これらの青銅器は同質の原材料が輸入されたと考えられる。とはいっても一度に輸入されたというわけではない。何度かに分けて輸入されたものとみる。

ところで肝心の荒神谷銅剣であるが、

図でわかるように「領域Y」にすっぽりはいるわけではなく、その辺りを中心にして、細形銅剣帯にも広がっている。

このことから荒神谷銅剣は一度に同質の銅がそろえられなくて、かなり品質の異なるさまざまな青銅のインゴットや製品を集めたようである。作業の始めは、均質な原材料を使いながら、最後には色々と混ぜ合わせて銅剣を作ったものと思われる。その中には朝鮮銅を使った製品がかなりあったようである。そうすると、この時代は完全な華北銅の時代ではなく、華北銅と朝鮮銅の過渡期であったとも考えられる。

華北銅の輸入はいつごろからかと考えると、BC一〇八年の朝鮮が漢の郡県制に組み込まれてからである。朝鮮は漢本国になったのであるから、大陸からの文物が移入されたと考えられ、青銅もまた入って来たことは疑いえない。その中で銅が大量に輸入されたと推定される時代は、AD五七年の倭国統一の時代とAD一〇七年倭面土国王の時代そして邪馬台国の時代である。

次に三五八本もの銅剣が全て同型であるということである。これは同じ工房で一度に鋳造されたものと考えられている。つまり注文者が一度に三五八本以上の鋳造を依頼してきた、その結果工人は、たい焼きを焼くがごとくに、流れ作業的に鋳造していくこととなった。

荒神谷で発掘された時の様子をもう一度みてみよう。

銅剣三五八本は整然と並べられており、四ブロックとなっているが、さらに詳細にみていくと

B、C、Dブロックでは、丁度まん中あたりに、列の乱れがわずかにみられる。これから考えると、銅剣は七ブロックに分けられるとみてよい。

次に銅剣の鉛同位体を表の上に、銅剣が置かれていた順に並べていくと、B、C、D列はほぼ類似の分布をしているが、A列だけが左にシフトしている。さらにA—26は遥かに左に外れる。

この結果について、次のように結論づけている。

①鋳造は荒神谷の中、または近隣で行なわれ（A列が他の列と違うとみえる関係から、遠隔地から運んだ場合には、鋳造順は崩れてほぼ均等な分布になるだろう）。

②多くの場合、熔融した湯は一本ごとに用意されて鋳造された。

③鋳造されると一本ないし数本ごとに現地に並べていった。

④並べ順は、島根県教育委員会の番号付けと逆でD—93から始まりC列B列を経て、A—1で終った。A列が途中で終っているのは、残りが取り去られたのではなく、原料が尽きたためである。

⑤原料は中国から持って来たものが主体で、時には、既存の青銅器のスクラップや鋳造のさいに生じる残り屑を混ぜることがあった（A列以外でも各列二本程度は朝鮮系原料が混ざったと判断されるものがある）。

⑥三三〇本を過ぎる頃から、残りの原料が少なくなり、スクラップを混ぜる率が多くなった。

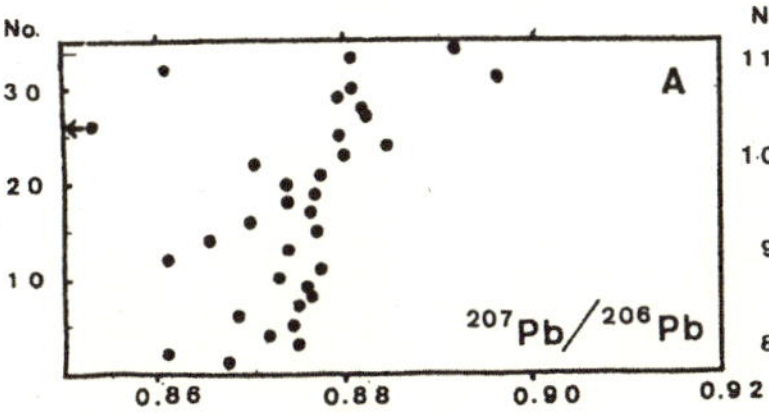

銅剣各列の$^{207}Pb/^{206}Pb$（B、C、D列はほぼ類似の分布をする。A列だけが1号の方に向って左にシフトする。A－26は遙か左に外れる。）

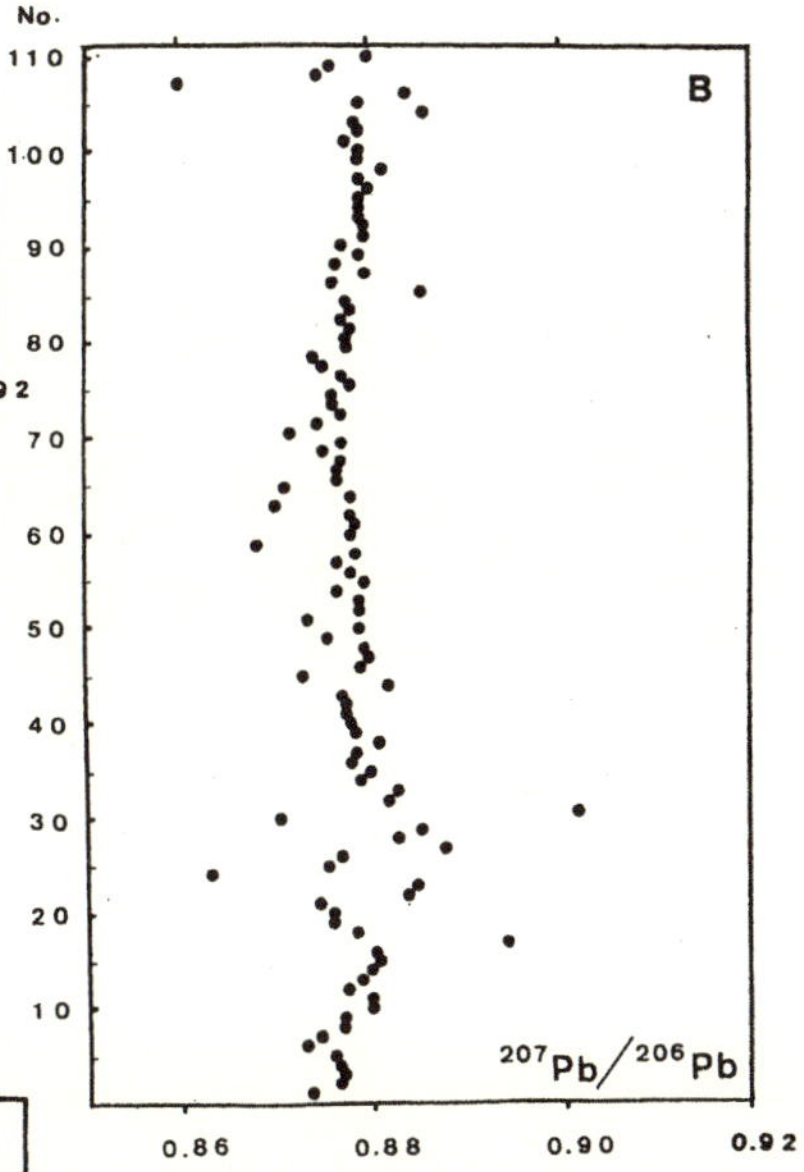

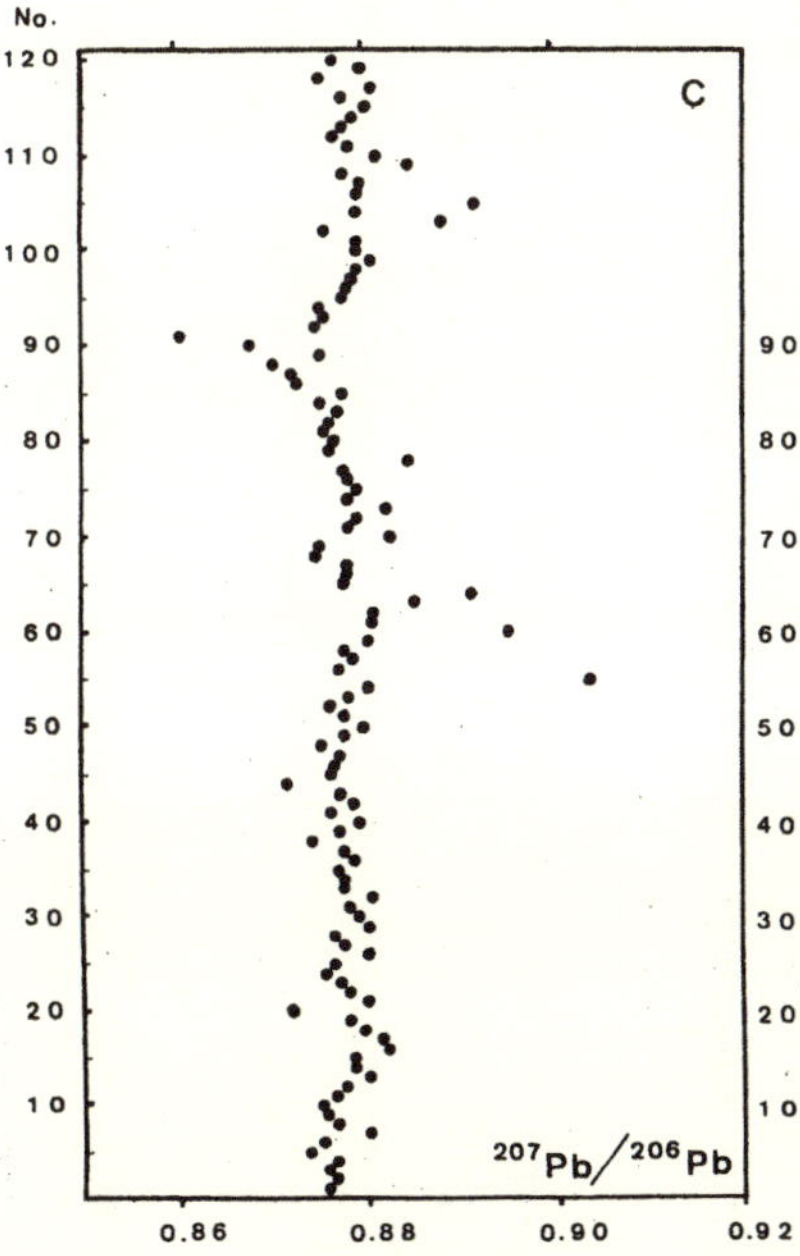

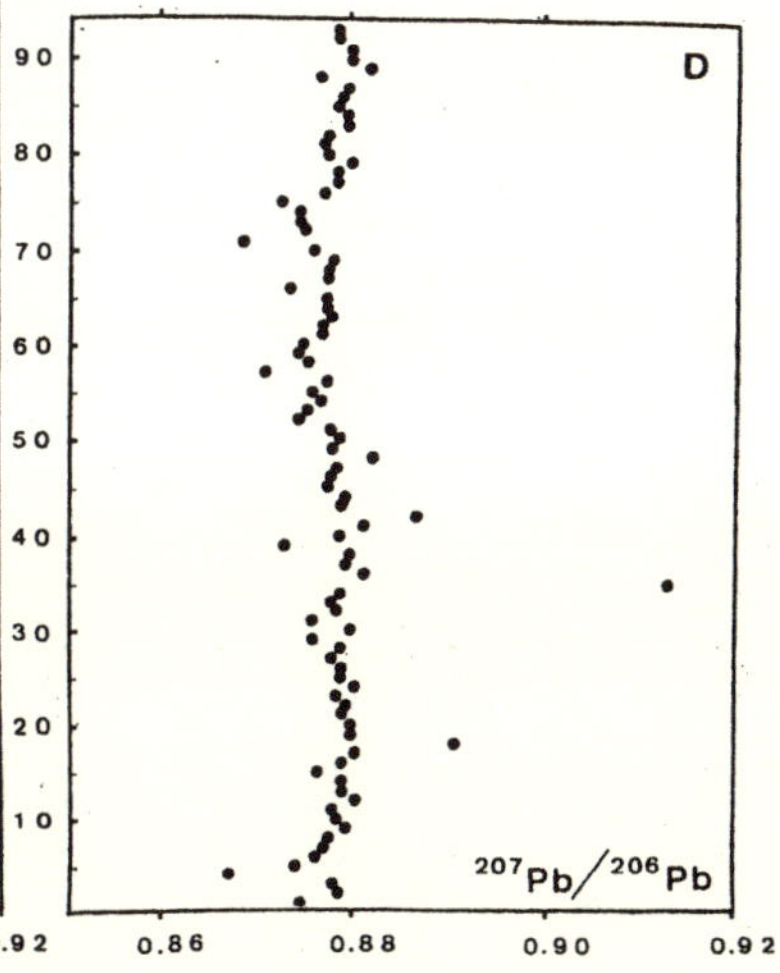

荒神谷銅剣の各列の一本ずつの銅剣の$^{207}Pb/^{206}Pb$を並び順にプロットしたもの（季刊邪馬台国62号より）

⑦鋳型を作るときのモデルとして原料とともに他地域から持ってきた一本（A—26）は終り近くなって不要になり、並べてしまった。

「A—26は違う役割をもち、違う場所でつくられたことを示唆している。サンプルがない地域で鋳造する場合、鋳型をつくるためのモデルは必要である。」

「以上のように三五八本の銅剣のうちA—26を除く三五七本は、荒神谷、またはその付近で鋳造されたと推定される。しかし原料は大陸産のもので、弥生時代の九州、近畿地方で一般的に使われていたものと同じである。

荒神谷遺跡出土の銅鐸と銅矛は、朝鮮系の鉛を含むものが多いことから、銅剣よりも製作時期が若干早いように思われる。鉛同位体比からみて出雲地方で作られたとする積極的な根拠はみい出せない。」（季刊　邪馬台国62号　梓書院）

と結んでいる。

つまり一時期に一挙に鋳造し、できあがった銅剣をできあがった順に並べていったということ、そして、最後の方では原材料が尽きてきたので、スクラップ製品などありあわせのものをまぜて鋳造していったこと。

サンプルがあり、それをモデルにして製造し、終りには、それも一緒に並べたということである。

次は埋納の理由である。
弥生時代の青銅器は、墓への副葬以外に、意識的に土中にうめられた状態で発見されることがある。これを「埋納」と呼ぶ。「埋納品」は銅鐸であることが多い。
埋納のうち少数埋納については四説あるという。
a説　敵から奪われないように隠匿
b説　保管の一形態
c説　神への奉納
d説　非常時に、境界の守りを固めるために埋めた。
多数埋納については三説ある。
α説　ムラからクニへの統合を記念して、それぞれがもっていた銅鐸を一ヶ所に埋めた。
β説　他集団へ配布したあとの残りを埋めた。
γ説　多くの集団に共通する非常事態が生じたときに、いくつもの集団がもっていた銅鐸を集めて一つの政治勢力の境界を鎮めた。
その他、通常は埋めておき、祭りのときに掘り出して使ったとの説もある。
以上これまでの諸説をあげてみたが、私としては、埋納は最終段階であり、二度と掘り起こされることはなかったとみている。

一時的な事情であれば、掘って隠すことはありうるが、事例が多すぎる。必要なときに掘り起こすというが、それではなぜ必要でない時は埋めて置くかの理由がわからない。雪国で冬期ダイコンを雪の下の土にうめておくが、これはダイコンの鮮度を保つためである。埋めておくと日本は湿潤であるからさびつくだろうし、土もつくから、洗浄したりして痛みが激しくなる。そうまでして埋めておく理由はなんであろうか。

やはりこれは、もう二度と掘り起こすことはあるまいと覚悟をきめて埋納したり、埋め隠さなければ取り上げられ持ちさられてしまう、と考えてのことであろう。

その場所は、人家から離れた場所が選ばれ、当時の人々が聖なる地としていた所（西谷《さいたに》とか神庭《かんば》、岩倉などの地名がみられる）から出土していることが多い。

荒神谷の銅剣は、いずこからか持ち込まれ、神聖な場所であるこの神庭西谷《かんばさいたに》に「埋納」されたのである。これらの銅器は、どこか屋内に飾られていたはずである。神棚があり、その周りにはずらりと様々な銅器が並べられていたものと考える。

これほどの労力と財力と原材料を使って作ったものを、ろくに祭りも、みせもせずに、むざむざとその場に埋めてしまうとは考えられない。

特に隣から、銅矛、銅鐸が一緒に埋納されていたことから、これらの品はどこかから一括して持ち込まれたものとみられる。青銅器は、原則、宝器や神器なのであるから、粗雑に扱われることはないし、保管していた場所も聖なる所と考えてよい。
聖なる所とは、神社や有力者の邸内、宝物殿と考えられる。神庭西谷が埋納地であるとすればどこに保管されていたのであろうか。出雲以外の地で祭られ、埋納のときだけ運び込まれることも考えられないわけではないが、可能性から考えるならば、出雲、それも西出雲のどこかに祭られていたものと考えるのが正しいと思う。この保管場所を考えるに候補地は三ヶ所ある。
一つは杵築《きづき》大社（現出雲大社）
二つは神原《かんばら》郷（神原神社辺）
三つは出雲市付近
である。
一つ目の杵築大社は、いわずと知れた大国主命の祭られている神社である。銅剣の奉納先として、また保管場所として申し分ないが、荒神谷からみてはるかに遠い。
二つ目の神原郷については、風土記の大原郡神原郷《かむはらのさと》に、
「所造天下大神《あめのしたつくらししおほかみ》の神御財《かむみたから》積み置き給ひし処なれば則ち神財郷《かむたからのさと》と謂ふべきを、今の人猶誤りて神原郷といふのみ」とある。
大国主命は杵築大社に祭られる前に、三刀屋のあたりに宮殿を構えていたという説があり、そこは神原郷に近い。

つまり大国主命が神財を積み置いた所なので、その名がついたというのである。積み置いたのであって、埋納して置いたのではない。しかしここから荒神谷へは山一つ越えなければならないし、銅剣の数は多いが他の宝が少ない又はないことなどから、可能性は小さいと思う。

三つ目の出雲市周辺であるが、この地の近くには立虫神社や止屋淵《やむやのふち》があり、また後世、四隅突出墓《よすみとっしゅつぼ》が作られた西谷《にしたに》地区があることなどから、かなりの有力者が居たと思われる。そこからは近い。

また「古事記」垂仁天皇の段に次のようにある。

「垂仁天皇の皇子本牟智和気《ほむちわけ》王は口がきけなかった。ある夜『わたくしの神殿を天皇の宮殿のようにお造りになるならば、御子はかならず物をいえるようになるだろう。』と出雲の大神がいった。そこで本牟智和気王を出雲へ参拝させることにした。そして出雲に着いて、大神の参拝を終えて、大和へ帰り上って来られる時、肥河《ひの》の中に黒木の簀橋《すはし》を作り、仮の御殿をお造り申して御子をお迎えした。そして出雲国造の祖先の名は岐比佐都美《きひさつみ》という者が、青葉の茂った山のような飾り物の山を作ってその河下に立て、御食膳を献ろうとした時、その御子が仰せられるには、『この河下に青葉の山のようにみえるのは、山のようにみえて山でない。もしや出雲の石硐之曽《いわくまのそ》宮《の》に鎮まります葦原色許男《あしはらのしこを》大神を敬い祭っている神主の祭場（祝《はふり》の大庭《おおにわ》）ではあるまいか』とお尋ねになった。」

この物語の中にでてくるアシハラシコヲノ大神とは大国主命の別名である。

この大国主命が鎮座するイワクマノソノ宮が杵築大社のことでないとすれば、杵築大社の他にも大国主命を祭っている神社があったということである。それでは、この大国主命が鎮座するイワクマノソノ宮とは、何処にあるのだろうか。

このイワクマノソノ宮については、三谷栄一氏が考証しており、彼はイワクマノソノ宮とは『曽伎能夜社《そきのや》』ではなかろうかとした。

『出雲風土記』には、この社は出雲郡漆沼郷《しつぢ》のなかにあり、荒神谷の属した出雲郡健部郷《たけるべ》のすぐ西であり、現在は斐川町に属している。現在は斐川町大字神氷《かんぴ》字氷室《ひむろ》（神名備《かんなび》山の北麓）とすれば、この漆沼郷の中に大国主命を祭る神社があったことになる。

「漆沼《しつぢ》郷、神魂《かみむすびの》命の御子天津枳値可美高日子《あまつきちかみたかひこの》命の御名を又、薦枕志都治値《こもまくらしつぢち》と云しき、此の神、郷《さと》の中に坐せり。故《かれ》、志丑治《しつぢ》と云ふ。」とある。

大国主命は既述したように斐伊川流域を本拠地として活躍しており、伝承が数多く残っている。そして、この斐伊川が出雲平野に出た辺りも、西出雲においては主要な地であった。大国主命が国譲りの際建てられた大社の候補地の一つの武志町も近い。後の出雲の豪族の拠点ともなっている。よって、この出雲市周辺も、銅剣を祭っていた候補地である。

祭っていた場所を確定する前に、銅剣の製作および埋納の年代を考えてみたい。

まず形式からみた年代の考証であるが、先に、出土品は土器の編年により年代を決めるとのべたが、土器の編年表はかなりくわしくできており、ある種の土器と共に出ると、その遺物の年代は、その土器の何式土器の時代としてあてはめられ、何式土器は西暦何年頃であるから、その遺物も何年と決められるのであるが、埋納された銅製品は通常単独であり、土器を伴うことはない。荒神谷のときも同様であり、土器は共出しなかった。強いていえば、その地点で須恵器のかけらが数個発見されていたが、表土にであり、銅器とともにではない。

そこで、銅剣の形式により年代を決めていく方法をとる。すでに述べたように、銅剣の形式は細形→中細a→中細b→中細c→中広形と進化していっているのであるから、中細cは中細bの次の時代と考えてよい（銅剣の年代表はできている）。そうすると中細cは中期末ごろで西暦五〇年ごろのものとみられることになる。

ところがこの中細cは、銅剣の宝庫ともいうべき、故郷の北部九州では発見されず、出雲を中心とした地域でしか発見されていない。これはどういうことであろうか。しかも荒神谷を除けばほんの数例でしかない。つまり中細cの銅剣は一般的ではなかったということである。

これは誰かが特注したものであろう。

その特注した人物は、大量の青銅を準備するとともに、その品物や型をも指定したと考えられる。特注品は銅剣である。今までのものよりも神々しく、大きめで見栄えのよいものという注文である。それで中細形の中で最大の銅剣となったわけである。

これらの品はある人物がある目的をもって特注したものであるから、必ずしも連続したものを造る必要はない。

つまり一時断絶していたものを思い出して再現するということもありうるのである。

荒神谷銅剣は、弥生中期末から弥生後期初頭に製作され、少ししてから埋納されたとしているのは、他の型から引き続いて製作埋納されたとの考えからである。

ではこの弥生中期末から弥生後期初頭とはいつのことなのだろうか。

少し前までは、弥生時代は、前期がBC三〇〇年〜BC一〇〇年まで、中期がBC一〇〇年〜AD一〇〇年まで、後期がAD一〇〇年〜AD三〇〇年までとなっていたので、中期末から後期初頭とは、AD一〇〇年前後のことである。

ところが最近、考古学の年代をひっくりかえすような出来事がおこった。前述した一九九五年の池上曽根遺跡の発掘である。

それまでAD五〇年頃と思われていた池上曽根遺跡の柱根が、BC五二年と決まってしまったのである。

その結果、弥生時代の中後期の遺物の各年代が上へ上へとくり上げられていくことになった。

勿論そのままスライドさせたら、弥生時代のおわりのところが百年間の空白となってしまうので、蛇腹を伸ばすように広げていくことになった。

その結果弥生後期初頭はAD五〇年以降となった。弥生中期末から後期初頭といわれている荒神谷銅剣の時期は、紀元一世紀のうちには埋納されたと考えられることとなった。だとすると、これは金印奴国による倭国統一と関係があるのだろうかということになる。

まず金印奴国と関係があるかを考えてみよう。

金印奴国による国譲り、つまり合併吸収は、その実、侵略であった。そのような関係で、果たして勝者の側である金印奴国は、大量の銅剣を作って出雲人に贈呈したであろうか。伝承などから考えると、略奪はあっても贈呈などということは考えられない。

では略奪をおそれて埋納したのであろうか。それもまたおかしい。なぜなら国譲りは建前では平和に行なわれたのであるから。出雲人が初めから略奪があると気付いたかどうかわからない。大国主命だとすると、またおかしい。

彼が銅剣を鋳造する理由がない。第一出雲で鋳造した証拠（鋳型等）がないし、彼は宝物を集めたのであって作ったのではない。

また出雲の地は基本的には銅鐸圏なのである。銅矛、銅剣は副次的なものなのである。それなのになぜ大量の銅剣が出雲にあるのであろうか。

以上のことから国譲り以前ないしそれに関連したものであるとは考えにくい。

それでは国譲り以後のことなのであろうか。

大国主命の国譲りのその後の出雲のことを考えてみたい。

国譲り以来、出雲は金印奴国の領土となったのであるが、その統治は順調とはいえず、逆に出雲人の反感を買い、反抗の烽火が各地にあがったものと思われる。鎮圧の嵐が山陰各地を荒れ狂い、人々は高台へと避難をはじめたのである。

しかし山陰地方の高地性集落は、それほどの防衛機能を保持していなかったようであり、またほとんど戦闘の痕跡がみられないという。金印奴国の弾圧がますます強まると思われた時、何故かその気配が遠ざかっていったようなのである。

この一時的平穏は、金印奴国の没落によるものであった。

そしてここに倭面土国王の登場となる。

倭前《いまえ》の国を治める帥升王は、更にその領域、勢力圏を広めようと画策した。彼は武力による恫喝や戦争ではなく、交渉によって味方に引き入れようとしたようである。

そして出雲への工作として、出雲人の信頼を得ようとして働きかけたのが、その亡き後も出雲人に絶大の人気と信仰を集めていた大国主命であった。

そこで彼は、仰天するほどの贈り物を、大国主命が祭られている出雲大社に奉納することとなった。その品が自国(銅剣銅矛圏)祭祀用品である銅剣であった。贈り物は、大概自分の所の産物を贈るのは、現在でも同じである。

それもかなり派手であった。三五八本（おそらくそれ以上であろう）金色に輝く銅剣で、更に従来のものより大きくて立派な剣である。

そのモデルとなったのはA―26の銅剣であった。

一本だけA―26のみ朝鮮銅が多く、他と異質なわけは、A―26の製造期が他の三五七本と異なっているということである。

ただし、三五八本の剣を造るモデルとしてA―26が造られたのではなく、A―26がすでにあって、それをモデルとして後世に三五七本の剣が造られたと考えられる。よってA―26は、AD50年頃に製作されたとしても、他の三五七本はずっと時代は下がるとみてよい。

鋳造場所は勿論北部九州倭面土国内であろう。

その光景を想像してみよう。

一本一本鋳型から取り出された銅剣は、その場で目張りを取りのぞかれ、磨きをかけられ、五十本ずつ木箱に詰められていったものと思われる。おそらく四百本は作られ、その総重量二百キログラムとみてよい。それらは七つの箱に収められて運ばれたものと思われる。一箱三十キログラムと考えられ、二人で運ぶことができた。

港で船に載せられ、出雲の神門水海へと運ばれる。運び込んだ先は出雲大社である。そこを祭る祭司は、アメノホヒノ神の子孫であった。（アメノホヒノ神が存命の可能性もある）。

ただアメノホヒノ一族は出雲大社の管理はしていたが、その本拠（政庁）は、現出雲市近くであったと考えられる。

もともとそのあたりは、大国主命の本拠地の入口でもあり、後の出雲振根の話でもわかるように西出雲の中心であった。大国主命は出雲の人々の信仰を集めていたが、出雲を治める実力者はアメノホヒノ神の一族であった。彼らを無視して、出雲を圏内に入れるのはむずかしいと判断し彼らの関心を買い誼《よしみ》を通じるために、そして出雲人をも安心させるために、これほどの大盤振舞をしたものと思われる。

出雲大社において盛大な式典が行われ奉納されたあと、しばらくしてアメノホヒノ一族の本拠地の中の大国主命を祭る神社に納められたものと思われる。神財郷《かむたからのさと》の例でもわかるように、大国主命の居住地に必ずしも宝がおさめられなくともよいのである。

そこがイワクマノソノ宮であってもソキノヤ神社であってもよいのである。

そして一部は他の神社やクニにも分配されたかもしれないが、多くはその宮に納められていたのであろう。次の異変が起こるまでは。

〈杵築大社の呼称であるが、杵築に大社が建立された時期が確定できないため〈武志町説あり〉確実に杵築にあったと考えられる以外は出雲大社とした〉。

北部九州

金印奴国《きんいんなこく》（委奴国《いとこく》）の前面にあたる北部九州の沿岸を抑えた帥升は、倭面土国王としてその勢力の拡大を図ったのであるが、一方の大本の金印奴国そのものは一体どうなったのであろうか。確かにはじめは「葦原中国」つまりは那珂川から西の海岸沿いの地を要求しただけであったが大国主命の捕縛という思わぬ成果を得て、国譲りに成功して、近畿以西の広大な地を入手することができたのである。倭国を統一して急激に膨張したまではよいが、これらの広大な地域を全て治めるには手に余ったようである。各地に有力者を派遣して統治させるようにしたようであるが（出雲にアメノホヒノ神、奈良にニギハヤヒノ命、北部九州にニニギノ命）、じきにバラバラになってしまったようだ。派遣された多くの人材には役不足の者が多く、人心を掌握できなかったのかもしれない。また金印奴国の内部そのものに、何かしら混乱する事情があったことも考えられる。混乱の事情については後述するが、金印奴国の内部に大きな騒動が巻き起こったとも考えられる。それは金印奴国の権力構造に根本的な問題があったからではないかと思う。

その結果金印奴国の統率力は北部九州内ですら衰えをみせ、代わりに倭面土国王帥升が台頭してきたと考えられる。

彼は武力のみにたよらず、贈り物などにより懐柔を図ったものと思われる。またほかのクニグニ等に対しても、強圧態度はとらなかったようである。

倭前《いまえ》地区のみならず、那珂川をさかのぼって筑紫平野の一隅まで進出したのかもしれない。そのために、統治しやすいところを求めて、周船寺《すせんじ》から太宰府《だざいふ》のあたりに、その政治的中心を移した可能性も考えられる。

ところで、高天の原の影の支配者、アマテラス大御神と共にその実力を誇った高木神についてであるが、彼は金印奴国王であり吉野ケ里に居住していたとした。その高木神はどうなったのであろうか。

まず彼の年令から考えてみたい。

天孫降臨《てんそんこうりん》の時に、娘のヨロズハタトヨアキツシヒメノ命がニニギノ命を出産したという。彼女が十六才で結婚し、二十才でニニギノ命を出産したとする。高木神が十八才で結婚しアキツシヒメを二十二才ぐらいでもうけたとすると、ニニギノ命が生まれたときは四十才位と考えられる。当時の人の年令を「人間五十年」と考えるならば、支配者層は栄養がよく一般的に長生きであったと考えられることから、六十五才ぐらいで亡くなったと考えてみよう。

天孫降臨はAD五〇年で、そのとき高木神は四十才ぐらいとすると、その二十五年後はAD七五年で年令は六十五才ぐらいとなる。

丁度倭面土国が台頭したあたりの年である。高木神亡きあと、金印奴国は急速にその国力を落としていったものと考えられる。

（ただし、高木神には思金神という子がおり、父の命を受けて会議の場面で活躍しているところをみると、高木神亡き後、思金神までは安定していたとも考えられる。となると、右の高木神の死去の年はもっとくりあがるかもしれない。）

朝鮮

そもそも朝鮮半島南部と倭国の西半に居住する民は、太古は同じ民族であり、その風習、言語も大差はなかったものと思われる。近年、とくに韓国、朝鮮の研究から、日本語の祖語を韓国に求める論がみられるようになった。

中国の史書における倭韓に関する記述をみてみると、辰韓（半島東南部）弁韓（半島南部中央）馬韓（半島西南部）と記録され、辰韓人は男女とも倭に近接しているせいか、容貌は倭人に近くまた文身している（馬韓の男子にも、ときおり、文身しているものをみかけるという）。弁辰（弁韓）は辰韓と雑居して暮らしをたてている。衣服も居住のしかたも辰韓と同じである。だからその用いる言葉も社会的な規制も風俗慣習もたいへん似ているとあり、弁辰の瀆盧《とくろ》国（東莱）は境界を接しているとある。

馬韓は、楽浪郡に近く、古くから中国本土（北方）の流民が住みついたことから、辰韓弁韓とはその風俗慣習が異なっているようである。馬韓では制度、綱紀ともにととのっているとはいえず、諸国の都には、それぞれ主帥はいるものの町なかに雑居しているせいか、人民を制御統率することができないとある。また辰韓と馬韓は言葉が違うとある。

弁韓の辰王は十二国を属しているというが、この辰王は、つねに馬韓人にもちいられて王としての体裁を保ち、世々あい継いできたものであって、みずからの力で王位を保つことはできないという変則的な王なのだという。しかも弁辰の地では、鉄を産するが、韓、濊《わい》、倭の人々がみなこの生産に従事して、鉄を手に入れているという。雑居しているということから独立性が弱いとみてよい。まさに諸国の人達は弁韓内で好き勝手にしている感がある。

辰韓、弁韓、倭の三国はようやく分化しはじめたとみてよく、それ以前の委奴国の時代には、ほとんど同類とみてよいであろう。統治者というよりも、村やクニのとりまとめ役といった役割であったように思われる。それぞれを構成する国々は独立しており、連邦制の如きものだとみられる。

朝鮮の史書である「三国史記」をひもといてみよう。

「三国史記」とは、千百四十五年（高麗）の仁宗二三年、金富軾《しょく》なる人物がとりまとめた朝鮮の歴史書であり、三国とは高句麗、百済、新羅の三ヶ国のことである。当初の馬韓、辰韓、弁韓のうち馬韓は百済となり、辰韓は新羅となるが、弁韓は新羅に併合されたためか、弁韓の独立した項はない。

「韓は南は倭に接す」とあるが、倭の項もない。あくまでも三国の歴史である。

この「三国史記」に倭との交渉があらわれるのは、主に新羅本紀である。

新羅の始祖赫《かく》居世は、卵から生まれ十余才にして非凡さを示しはじめ、六部落の人達は、出生が神がかっていることから、その子を尊んで国王に推戴したという。神がかっているか、人望を集めることが王者としての条件だというのは、後の卑弥呼に通じているようでおもしろい。

新羅本紀から倭国との関連記事を抽出してみる。

BC五〇年　倭人が兵を動かして辺境を侵犯しようとしたが、始祖に神徳があるのを聞くと帰っていった。

BC二〇年　倭人瓠《こ》公を馬韓に派遣した。

瓢箪を腰にさげて海を渡ってきたので〈瓠公〉と名づけられた。

BC十九年　昔脱解《せきだっかい》が漂着した。（既述したが、脱解は多婆《たば》邦国〈都は香椎宮《かしいのみや》〉の出身であるという。倭人の瓠公がすでに新羅の政界で活躍しており、これらのことから、倭人や韓人はかなりひんぱんに往来していたようである。日本にも、出雲にスクナビコナノ命やスサノヲノ命が船に乗って来たという話がある。）

AD十四年　倭人が兵船を百余隻繰り出して海辺の民衆を掠奪した。

AD五七年　昔脱解が新羅王に即位した。

AD五九年　夏五月倭国と誼を結んで、たがいに礼物を交わしたとある。

（AD五七年に金印奴国が後漢光武帝から「漢委奴国王」印を授与されてから、二年後の友好条約である。この倭国は、当然金印奴国のことである。かくして新羅は、中国と同様、金印奴国を正式に倭国統一の正統国家であると認めたのである）。

AD七三年　倭人が木出島を侵したので、王は角干の羽鳥を派遣してこれを防がせたが勝てず、羽鳥は死んだ。

（ここでいう倭人とは、単なる海賊等ではあるまい。国の将軍と思われる人物が戦死するほどである。五九年に友好関係を結んだのに、これほどの軍事行動があったということは、金印奴国の統制力が弱まったということであろうか。それとも金印奴国の圏外の倭人であろうか。

魏志倭人伝によれば、半島の南端部に狗邪韓国《くやかんこく》があり、倭人が住んでいたように書かれているし、それ以前の書にも、韓は南は倭に接すとあることから、三世紀以前には南岸に倭人が居住していたことは確かである。

八七年～九七年まで伽耶の国と新羅との間で抗争が続き、最後は伽耶が降伏したとある。この伽耶が倭人国なのか、弁辰国のことを指すのかはわからない。戦いは陸戦であり、海上からの攻撃はみられない。

倭国の一つである倭面土国は、倭の前面にあり、海峡をはさんで半島に面しているから、海洋国家であり、朝鮮とも直接交流を持ったものと考えられる。

その結果「新羅本紀」に出てくる倭国は、倭面土国であった可能性も時としてある。しかし「三国史記」には倭国と倭人としか出ず、倭面土国とも倭奴国（金印奴国）とも出てこない。

ただ、この七三年に、倭人による大きな軍事行動があったことは、倭人または倭国に何らかの変化があったであろうことを伺わせる。それは、高木神の死去に伴う混乱が引き起こしたものであろうか。AD75年の高木神の年令は65才と推定した）。

AD一二一年　夏四月　倭人が東辺を侵した。

AD一二二年　夏四月　強風が東方から吹いて、木を折り、瓦を飛ばし、夕方になっておさまった。
このとき、都の人たちは「倭の大軍が来た」という流言をとばし、争って山や谷の中へ逃げ込んだ。王は伊湌の翌宗などに彼らを説諭させて都に戻るようにさせた。

AD一二三年　春三月　倭国と和を講じた。

（この一二二年から一二三年にかけての事件はいったい何を物語るというのだろうか。一二三年に倭と和を講じることになった背景には、一二一年に倭人が侵入して来たこと、ついで翌年都で騒動があったことにある。

問題はこの騒動の原因である。「倭の大軍」がやってくるという流言の底には、倭が新羅に侵入してくるという行動をとる理由や事情が何かあったはずである。

一二一年、倭が侵略をはじめた時、ここでそれまでの倭と新羅との間の友好関係が崩れたことを意味する。

そして「倭の大軍がくる」とうろたえた背景にはまさに倭の大軍がくるかもしれないという事情があったのである。倭の大軍であるから、海賊とか一小国家の軍ではない。まさに倭をあげて襲ってくるということである。しかもかなり勇名をはせた軍隊とみてよい。そうでなければ、これほどまでの動揺を国民にあたえるはずはない。

AD一〇七年に倭面土国は漢に朝貢したのであるから、この年代には倭面土国が存在していた可能性はある。

それでは、この大軍をおこして侵入してくる国は、倭面土国なのであろうか。それとも倭面土国にかわる他の国が倭国に登場したのであろうか。

もしそうだとすれば、その国とはいったい、何という国なのであろうか)。

第三章　倭面土国の滅亡

第一節　滅亡と分割

AD一二三年に新羅と和を講じた国はどこの国であろうか。当時倭には小国から大国まで、多くの国に分かれていたと考えられる。

しかし前章で述べたように、小国ではあれほどの動揺を新羅の民衆に与えるはずはない。おそらくかなりの強大国であったと考えられる。

結論を急ごう。

それは復活した金印奴国である。

五〇年代、一度は倭国統一を成し遂げた金印奴国であるが、やがて衰退しはじめ、倭面土国の覇権をゆるしてしまったのであるが、再び一二〇年代になって復興をはじめたと考えられる。

金印奴国と邪馬壱《やまい》国は同じ国であり、時代により呼名が変わっただけということは、前拙著において考証しておいた。高木神が亡くなった後、金印奴国は衰退したと前章では述べた。

それがやがて復活をした。何故なら、邪馬壱国は魏志倭人伝において、「本亦《もとまた》男子をもって王となし、住《とど》まること七、八十年」として、安定した政権を維持したように書かれているからである。金印奴国が自国内の問題をようやく解決し、国内の統率に成功した時、再びその強力な軍隊を用いて倭国統一をはかったとみてよい。

その一過程が、新羅における騒擾を巻きおこしたのであった。

新羅の人々はこう言い合った。

「あの恐るべき金印奴国が復活した。倭国内で従わない国々を打ち破り、抵抗したものを殺し村々を破壊しているそうだ。あの倭面土国も滅ぼされたそうだ。この新羅にもその矛先を向けてくるぞ。」と。

倭面土国がどのような形で崩壊していったのかは、あまりにも資料がなさすぎてまったくの推測でしかない。

滅亡が帥升の生前であったのか、それとも死後であったのかもわからない。

ただ分かっていることは、滅亡後、倭面土国は形をとどめぬほど分割されてしまったことである。その最期が金印奴国軍の総攻撃による戦闘の中にかき消えていったのか、はたまた金印奴国の篭絡や策略によるものか不明である。

しかし私は軍事力による崩壊とみている。それは、他の国々がこの混乱に対してとったと思われる行動からでもある。その一つが先程の新羅の騒擾である。

また、最近福岡県志摩町において一つの遺跡が発掘された。場所は糸島半島の西部、同町小金丸の「一の町遺跡」である。ここは倭面土国の領域内である。ここから弥生時代中期から後期にかけて（約二千二百年前〜約千九百年前）の大規模集落跡がみつかり、三棟の大型建物（約七メートル四方の建物）が確認された。大型建物の付近で青銅鏡の破片や剣の柄を飾る石製剣把頭飾り、管玉などがみつかり、青銅鏡片は「方格規矩《さく》四神鏡」の一部だという。

この弥生時代中期から後期にかけて三百年間、この集落が存在したというが、問題はこの集落の消滅時期である。後期にかけて約千九百年前、つまりAD一〇〇年頃までとあるが、考古の年代は二〇〜三〇年のぶれがあるというし、近頃は年代を古くもっていきやすいということから、AD一二〇年頃消滅したとしても年代として無理はない。

次に鏡片と石製剣把頭飾、管玉の出土であるが、どちらも当時としては貴重なものであり、無造作に捨てられるものではない。

とすると、これらは混乱の内に割られ引きちぎられ、地べたに転がったものであろう。そのような状態とは戦乱によるものであろう。

AD一二〇年頃、この集落は何者かに襲撃され、破壊されたものとみてよい。そしてこの時期は丁度倭面土国滅亡の時期にあたるのである。もちろん、襲撃したのは金印奴国である。倭面土国の領内の集落であったこの「一の町」は、強力な金印奴国軍の襲撃を受け、壊滅したのである。他の集落の中にも、同じ運命を辿ったところもあったろう。そして本体の倭面土国もまた、戦いの砂塵の中にかき消えていったことであろう。

そして倭面土国は分割された。

魏志倭人伝の其余旁国の中で倭面土国であったと思われる国々は次の通りである。

都支国《たき》（福岡市早良区吉武地区《さわらよしたけ》）

斯馬国《しま》（福岡県糸島郡）

伊邪国《いや》については、倭面土国領内であったかどうかは不明。

斯馬国については、前著で述べたがもう一度記述すると、「馬」のついた国の「馬」とは、建物でいうところの「間」《ま》（居間、応接間、床の間、板の間等）であり、地方や地域を指し、その中にいくつかの国が存在するのである。

九州は北から、対馬《ついま》、邪馬、狗馬、薩馬（摩）、投馬《とうま》と分けられ、更にその中で、例えば対馬は対蘇国《ついそ》と対海国《ついかい》とが存在する。

斯馬も当然いくつかの国から成り立ち、現在の地名の中から捜してみると、志登《しと》と怡土《いと》がみいだされる。

「ト・ド」は、国を表す言葉である。よって志登国と怡土国があったと考えられる。志登は糸島郡の中央部であり、糸島半島の付根にあたる。支石墓で有名である。怡土郡は糸島郡の南半にあたる国であり、膨大な弥生遺跡の集積地でもある。

篠原遺跡、平原《ひらばる》遺跡、三雲遺跡、井原《いわら》遺跡、新町遺跡、曲り田遺跡とある。

古代の地勢をみると、東から今津湾が、西からは加布里湾が入りこみ、志登のあたりでくっつきそうになっている。

西には秀麗な可也山（三六五メートル。加耶の名をつけたともいわれる）がその姿をみせ、南から瑞梅寺川や雷山川が流れ込み、扇状地を形づくっており、人々はそのうえに多く生活していたとみられる。

この辺りの遺跡からの出土品は、驚くほど豪華で多彩で大量である。

その一つである平原遺跡へは、筆者も訪れたことがある。

この平原遺跡の副葬品は、中国鏡三五面、仿製鏡（国産鏡）四面、計三九面にのぼる銅鏡や鉄製素環頭大刀のほか、多数の勾玉《まがたま》・管玉《くだたま》などが出土した。これまで製鏡は一〇センチ未満の小型のものであるが、同遺跡から発見された内行花文鏡四面は大型で直径四六・五センチもあって精巧であり、世界最大の国産銅鏡である。そして出土した銅鏡の数においても、わが国最多であるという。

さらに特筆すべきことは、東西一八メートル、南北一四メートルの方形周溝墓《ほうけいしゅうこうぼ》が発見され、その中央部に割竹形木棺の痕跡がみつかったことである。

「ところが同遺跡の時期については、古墳時代に例の多い割竹形木棺の出土から古墳時代初頭とみるか弥生末期とみるかで論が分かれていた。しかし最近刊行された『平原弥生遺跡古墳』調査報告書などによって弥生後期後半、すなわち三世紀初頭のものとみる説が有力になっている。また前記の調査報告書の作成にあたっての遺物整理で、被葬者の頭部からみつかった玉が、中国で女性の用いる『耳璫《じとう》』であることが判明した。そして平原遺跡が王墓とみられていることから、女王であった証しとされている。既述したように伊都国でも代々、女王によって治められていたのである。」（弥生の王国、鳥越憲三郎著、中公新書刊、一九九四年発行）

平原遺跡に行く前に、この発掘時の風景写真をみたことがある。広い畑地の中に方形周溝墓があり、遠くに高須山《たかす》、クシフル岳、日向《ひなた》峠と並んでいる山々がみえた。白黒写真であったから、なにかすごみさえ感じる光景ともみえたが、行ってみて驚いた。隣は新興住宅地で真新しい住宅が立ち並び、史跡は公園となり立派な説明板があり、写真のイメージなどどこにもない。しかもよく晴れていて明るい陽光の中であった。

これらの遺跡の出土品は「伊都歴史資料館」で展示されている。かなり大きく敷地も広々とした資料館であり、前庭の真ん中に巨岩が置かれており、「伊都歴史資料館」と大きく字が穿ってあった。建物の横に原田大六氏の銅像が建てられていた。氏はこの遺跡の調査、保存に尽力された方であった。お会いしたことはないが、個性の強い方であったという。

この脊振山地北麓の海沿いの地に、日本神話の旧跡を捜しあてたのは、鬼才古田武彦氏であった。氏はこの地に日本神話に登場する地名が多く残っていることを発見した。今までは、これらの地名は九州南部にあるとしてかえりみられなかったのである。

彼はそれらのことを、「盗まれた神話」他で論じているが、その中で北部九州沿岸部に関したことを要約すると次の如くである。

「記紀神話」にでてくる「日向、襲の高千穂、久士布流多気」について。

この中の「日向」について、これは従来「ひゅうが」と読み、宮崎県のことだとされてきた。しかし筑前の西部にもある。日向峠（筑前。糸島郡と博多湾岸との接点。高須山の南。怡土村より室見川上流の「都地《とじ》」に至る途中の峠）。

この地の「日向」は「ひなた」と読む。これは「ヒナタぼっこ」のヒナタではなく「彼方」（かなた・アナタ）といった言葉の〝あちらの方角〟の意味であるから、「ヒナタ」も〝日の方角〟の意味となり「向」という神聖な字面にまことにふさわしいのである。また日向山もあり、日向が限られた小領域を表わす地名ではないことがわかる。

久士布流多気については、慶長年間、黒田長政の書状（田中家蔵）に「民家の後にあるを、くしふる山と云、故に、くしふると、云ひしを訛りて、杙と云とぞ。」とあることから、くしふる山は高祖村椚の裏手にあることがわかる。

「高千穂」は〝高い山々〟〝高くそそりたつ連山〟の意の普通名詞である。

「襲」は「曾」と同じで〝一定の地形〟をしめす言葉である。

高祖山の東側に「曾根原（ソネバル）」がある。曾根というのは、このあたりが「ソ」と呼ばれる地帯の根に当っていることを意味する。

また、氏は「君が代」の歌詞にあらわれる言葉が福岡湾に存在することもみいだした。

千代―福岡県庁近くの千代町

細石《さざれいし》神社―糸島郡

巌《いわお》―井原《いわら》山（雷山の隣、脊振山地の一角）

苔牟須売《こけむすめ》の神―桜谷神社（糸島郡船越志摩町）

これら神話の故郷が南九州ではなく北部九州にあるとする説は、かつて大きな反響をよんだものであった。（盗まれた神話　古田武彦　朝日新聞社）

夏の昼下がり、この日向峠を通ったことがあったが、その峠の道端に、巨岩に「日向峠」と掘り込んだ道標が置いてあった。これも日向北部九州説によるものであろう。その峠からみおろす糸島の地は紫がかった霞の中に広がっていた。そしてこの地は、長い間、魏志倭人伝に登場する

「伊都国」であると信じられてきた。奇しくも怡土の「イト」が魏志倭人伝の「伊都」と同音であった（伊都は正しくは「イタ」と発音するのが正しいということが近年わかった）ことから、ここが伊都国であると江戸時代以来誤解され、その後の邪馬台国や北部九州の古代研究の大きな障害となったことは、前著で詳しく論じた。

もちろん、この地が伊都国として疑いをもたれなかったことは、同音だった（と思われた）他に、一大率という重要な役職が置かれたと思われるような、倭国の中枢にふさわしい遺跡が数多くあったからでもあるが。

帥升の本拠のあった周船寺《すせんじ》周辺には、どのような国が建てられたのであろうか。倭面土国を分割して、糸島の南半に怡土《いと》国を新たに作ったことで、吉野ケ里の委奴《いと》国（金印奴国）と音が重なることとなった。

それで、それぞれを区別するために、斯馬にあるイト国を斯馬委奴《しまいと》国とし、邪馬にあるイト国を邪馬委奴《やまいと》国とした。これが魏志倭人伝にいう邪馬壱《やまい》国である。それが更に邪馬台《やまたい》国と変化した事情については、前著において論述した。斯馬委奴国の方は、委奴→怡土と表記され今にいたっている。

都支国（タキ国）については、この国は室見川流域にある国であり、吉武《よしたけ》、金武《かねたけ》の武《たけ》は都支《たき》の転訛である。

ここは福岡市西部にあたる早良区《さわら》であることから、早良王国とよぶ人もいる。ここにも著名な遺跡がある。

その一つ、吉武高木《よしたけたかぎ》遺跡からは、王墓と宮殿の一棟とみられる巨大な建物の遺構が発見された。このことから、この早良平野を中心に、比較的大きな国があったと考えられるが、これらは弥生時代前期末から中期初頭におよぶものであり、その後急速に衰退していったと考えられる。だから今回の時代とは関係はない。その後はこれといった遺跡はない。

ところで博多から地下鉄に乗り、唐津へと向う途中に下山門《しもやまと》という駅がある。海沿いの町の何の変哲もない駅であるが、この地に山門《やまと》という地名がついたのは、いつの頃からであろうか。

古くは山門庄《やまとのしょう》という地名がみいだされることから、室見川流域が山門（ヤマト）と呼ばれていたのは、かなり古いものと考えられる。ここまで書いてくると、私が、この山門を奈良県の大和《やまと》と関係づけて考えているとお気づきのことと思う。

私は、奈良県の大和は、この室見川流域の山門の地名が移植されたものと考えている。

糸島地方のまわりに「記紀」神話の地名が残っているとみる時、高天の原は、おのずからその近くかと思われてくる。

いまから十年前に、佐賀県立博物館の二階で佐賀県の立体模型をみた時、高天の原はこの脊振山地ではないかと思ったのも、この地の「記紀」神話の地名を知っていたからであった。

高天の原の故地である三瀬村《みつせ》へは三度足を運んだことがある。天石屋《あめのいわや》は三瀬村役場裏が岩屋とよばれているという。天金山は金山という山があり、下流からは褐鉄鉱がみつかる。天香山《あめのかぐやま》はコウヤマとも読み、高山のことで三瀬村の北部にある。湯津石《いわ》村は、熊の川温泉のことである。ただ天石位《あめのいわくら》がはっきりしていないので、三度目の訪問はその発見に力をそそぐことにした。以前唐人舞《とうじんのまい》という巨石があると聞いていたので、そのあたりに見当をつけた。

佐賀県立図書館で下調べをしてみると、猟師岩が脊振山陵に存在することがわかった。そしてそこにはニニギノ命に関する伝承が存在することもわかった。

三瀬村村志から抜粋要約すると左記のごとくである。

猟師岩は、三瀬景勝の一つに数えられている鬼ケ鼻岩の西北峰にあり、東は唐人舞岳（腹巻山）西北は、井手野山、栗原山に拠って村の東北面に屏列し、頂上はみな佐賀、福岡の県境をなしている。標高八九三・四メートルである。頂上よりも少し下方の西に洞窟があり、奇岩千丈の絶壁は人の肌を寒くし、往古は修験者が篭もったという。

猟師岩山は、もと「機《はた》の山」と呼ばれていた。その頃、都からやって来た隆信沙門《りゅうしんしゃもん》という僧が機の山の南麓に草庵を結んで移り住み、頂上の岩山に発見した洞窟にかよいながら、座禅読経を続けたので、機の山を隆信ケ嶽と呼ぶようになった。

沙門はこの修業中、山頂に大きな石碑を発見した。碑面の苔を払って洗い清めてみると、正面に「東居宮」の三文字があり、その下に霊亀二年（七一六）としるされ、側面には「皇四十四代元正天皇霊亀二年五月従勅命一品舎人《とねり》親王建之」と刻まれていた。東居宮というのは瓊々杵尊のことである。舎人親王は養老四年（七二〇）に「日本紀」三十巻系図一巻を撰上した人々の中の一人で同年知太政官事に任ぜられた方である。

隆信沙門は、歴史にくわしい舎人《とねり》親王が、瓊々杵尊の碑をこの地に建てられたのは、天孫御降臨のとき、もろもろの神々が、ここに集まって、神謀りをされたからではあるまいかと推量しながら、洞窟に入り、しばし目をとじて遠い神世の古をしのんだ。すると不思議や天孫瓊々杵尊の降臨されるときの情景が、夢ともみえず現とも思えず、幻となって目のあたりにみえてきた。

それは諸々の神々が、神集《かみつど》いに集い、神計りに謀って、荒ぶる神々をことごとく海外に狩り出す手筈をきめられる重大会議の場面であった。

会議が進んでいるとき、神々の中から美女の姿をした一人の妖魔があらわれて「吾は天地の未だ開けぬ昔から、この土地に住んでいる。吾はこの地を絶対に動かない。」と叫んだ。そこで再び神計りに謀られ、妖魔を筑紫の山の岩窟に埋めることになった。

美女の妖魔はいまわのきわに「この神国も末世ともなれば、吾はまた美人と化して世に仇をなしてやる。」と声高く叫びながら埋められていった。

隆信沙門はこのときハッとわれにかえったという。

この後隆信は読誦の修業にはいったが、読誦中に美人が現われ、様々の媚態をこらして沙門を誘惑したため沙門はついに邪念をおこし修業は失敗したという。

隆信ケ嶽はその後、龍神ケ嶽と呼ばれ、やがて猟師ケ岩と呼ばれるようになった。狩猟を生業とする猟師たちが、龍神ケ嶽の洞窟を利用するようになったからである。隆信沙門の住した草庵は、のちに梅渓庵と号し、戦国時代の勇将神代《くましろ》勝利が新次郎とよばれていた頃、北山々内で武術師範をするためにこの梅渓庵に寄寓していたこともある。

その外、嵯峨夜桜化猫伝には、鍋島家に仇をなした化け猫が、この機の山で育ったとされていて美女と化した妖魔の伝説を素材にとり入れた物語になっている。

長々とあまり関係のないことを書いてしまったが、「日本書紀」の作られた時代に、この山が天孫降臨と関係のある山だったと考えられていたらしいということである。そうすると、前著では、唐人舞岩が天石位《あめのいわくら》ではないかと書いたが、くわしく調べてみると、伝承や情景からみて、天石位は猟師岩であるとしたほうがよいようである。

それでは猟師岩の東方にある唐人舞岩はどうであろうか。

唐人舞岩とはかつてこの尾根を訪れた唐人があまりの絶景に感激し、その巨石の上で舞を舞ったと伝えられることから、その名がついたという。

唐人舞岩へは一度行ってみたことがある。

脊振山への道を登り、頂上の下から西への道を笹原峠へむかってかなり辿ったところで、唐人舞岩の立て札に出会う。そこから右手に急な斜面の小道を少し登ると、目の前に巨石が鎮座しているのがみえた。まわりは背の低い潅木と茅が広がる見晴らしのよい、まさに絶景であった。

水平な岩があるかと期待していたが、畳三枚分くらいの平らな岩が、三つぐらいの石に斜めにのしかかった状態であった。

かつて人が上で舞えたのであるから、水平であったであろう。それが地震で崩れたものとみられる。

水平な状態を考えてみると、これは支石墓ではないかと思えてきた。もし支石墓だとすれば、誰の墓であろうか。

これほどの巨石を持ってきて尾根の上に葬ったとすれば、並みの人の墓ではあるまい。状況から考えてみるに、これはアマテラス大御神の墓なのではないかと思われた。

脊振村史に「脊振山は……天孫降臨の伝説地であり……。」とあることから、脊振村に問い合わせた所、わざわざ現地調査をして下さったようで、写真つきでご返答をいただいた。

ただ残念ながら結果は「ただの自然石と考えられる。」ことと「アマテラス大御神の伝承はない。」とのことであった。

「アマテラス大御神の墓発見」の夢は破れたが、この山陵はかような連想をかきたてるほどのすばらしい所であった。脊振山から続いてくる草原は、天浮橋の如くであり、右手には高天の原の高原が、左手下前方には葦原中国が、視線を左に巡らせていくと、高祖山（高千穂峰）くしふる峰が視界に入る。眼下は日向の地であり、室見川沿いの山門の平野が、そして韓国まで続く青い海原が春霞の中にかすんでみえた。まさにここは神々の国の頂上なのである。

しかし、この地の歴史は、脊振山の修験者の活動以外は、その後の戦国時代の神代《くましろ》勝利による脊振山一帯の統一までみるべきものはない。かつての神々は消えてしまったようである。国譲りにより、新しく金印奴国の支配下に入った国々を治めるために、下界へ下った神々は、いずれも多くの神々をも随行させている。

とすると、その時かなりの人々が高天の原を去ったのではないだろうか。出雲と大和と博多以外の地にも、神々は天降ったと考えられる。その結果、高天の原は無人状態になり、伝承もほとんど忘れられてしまったのではないかと考える。

また「記紀」、特に日本書紀の完成と公認、つまり正史とされたため、日本書紀の記述が正しいとされ、その書の指し示す日向、高千穂伝説が南九州のこととされたために、脊振山中の伝承は誤りであるとみられ、顧みられなくなり消滅していったものであろう。

しかし七二〇年の日本書紀編纂のときには、舎人親王の話にあるように、この地は高天原の候補地として、伝承が残っていたのである。

第二節　諸国の動静

金印奴国

一時期なりを潜めていた金印奴国は、一人の王のもとに再び結束し、かつての栄光と覇権を回復しようとして一大軍事作戦へととりかかった。

まずその最初の矛先は、倭面土国へと向けられた。強力な軍隊の前に、倭面土国はひとたまりもなく崩壊していったのであろうか。

その過程における討伐軍の行動は苛烈なものであったろう。抵抗するものは徹底的に駆逐されたものであろう。

魏志倭人伝にこうある。

「其の法を犯すや、軽き者はその妻子を没収し、重き者は、其の門戸及び宗族を滅ぼす。」

その罪の軽い者でもその妻子を没収し、重罪者はその家族だけでなく一族をも滅ぼすというのである。

倭人伝は三世紀の話であるが、この二世紀でも、それに近いような処罰が行なわれたと思われる。川原にならべて首を斬るような綺麗な殺し方ばかりではなかったろう。

そしてこの悲劇は、北部九州のみならず他国へも伝わり、倭面土国と友好的であった国や集団に恐怖心を植え付けるに十分であったはずである。

その結果、諸国は、かつての雄国金印奴国の復活を脅威として受けとめ、自国の安全の確保に走ることになったのは当然であった。

かくして倭面土国は、もう二度と国として成り立たないように分割された。

そして金印奴国は再び倭国に君臨することとなった。

朝鮮

倭面土国滅亡の衝撃を受けた国の中に新羅がある。

前章において一二〇年代の新羅についての記事は、まさにこの倭面土国滅亡に関する記事なのである。

倭面土国を滅ぼした金印奴国は、余勢をかって新羅の東辺に襲いかかったのである。そしてそれは、新羅の人々に、北部九州での悲劇が自分達にも及ぶのではないかとの恐怖心を醸成し、その結果、流言にすぎないにもかかわらず、山中へ避難するという騒ぎをひきおこしたのである。

それほど金印奴国軍は勇名を轟かせていたものとみられる。

しかし新羅は一二三年に倭国（金印奴国）と講和することに成功し、自国の平和と安全を確保することができた。『三国史記』では、この後「一五八年春三月竹嶺を開いた。倭人が来て礼物を献じた。」とある。

一五八年は、後漢桓帝即位十三年目にあたる。

この時の王は誰であったのだろうか。

瀬戸内

金印奴国による倭国統一の成立により、瀬戸内地方も、それまでの争乱の時代が終わり、政治的に安定した時代を迎えることとなった。おそらく地域毎に豪族が支配するクニが、瀬戸内各地に分立したまま金印奴国の傘下にはいったものと思われる。

どちらにせよ、北部九州からの襲撃や各クニ毎の争いは少なくなり、人々は高地性集落に逃げ込むこともなく、高地性集落は廃れていった。

その安定した時代は、倭面土国の時代も同様であった。

その中での主要な国は、安芸と吉備であった。

そうした中で、「倭面土国滅亡」の報せが届き、やがて北部九州からの武装船団が東をめざして姿をあらわした時、山陽地方の諸国は、彼らと共に東へ向かうこととなった。

かくして北部九州と山陽地方の連合軍は、東をめざして軍を進めることとなった。

近畿

高天の原からの新たな支配者であるニギハヤヒノ命が近畿に派遣されて、大和地方に居を構え、一帯の支配を固めたのであるが、やがて本国である金印奴国が衰退し、通交も絶え、孤立した状態となった。しかし政権は安定していたものと考えらる。

それは、倭面土国の時代においても、同様であり、近畿地方は平穏な日々を過ごしていたものと思われる。近畿地方においては、倭面土国の成立もその滅亡も、何ら影響がなかったものと思われる。

しかし衝撃は、そのあとにやってきた。倭面土国滅亡の影響は、思いがけない形で近畿地方を襲うこととなった。

倭面土国が滅亡し、復活した金印奴国による論功行賞、信賞必罰が行なわれたが、その混乱の中で功に漏れたり没落したりして行き場を失った者たちは、新天地を求めて新たな旅立ちをすることとなった。

彼らの選んだひとつの方向が東への道であった。

弥生時代のはじめより、倭人は東へ東へと移動したのであり、この時代においても伝統的に移住先は東へと考えられたのであった。

そこはかつての金印奴国の東限であり、後の大和地方であった。

しかしこの時代の近畿地方は、かつてのように個々に撃破されるような状態ではなかった。武力も充実し、優れた指導者のもとに、軍事力を集約し、団結して危機に対応できるようになっていた。

例えば、登美《とみ》の那賀須泥毘古《ながすねひこ》のように。

そうして西からの侵略者達を撃退することができたものと考えられる。

「記紀」では、イワレヒコのことしか書かれていないが、その他にも同様の行動をとったものたちがいたかもしれない。

北部九州と山陽地方の連合軍を、とりあえずは、日下《くさか》の蓼津《たてづ》（楯津）の戦いで退けることができた。

敗れたうちの、山陽地方の勢力は西へと引き揚げていったが、行き場のない北部九州からの軍団は、南へと迂回し、大和盆地の一角を占拠することに成功したのであった。

そして、そこを拠点として周囲にその勢力を広げていくこととなった。

出雲

金印奴国復活による倭面土国への攻撃がはじまったとき、遠い出雲の国々にも衝撃と動揺を与えたことは確かであろう。どのような行動をとるかにより、それぞれの国の人々の運命がかわってくるからである。

そうした中で、アメノホヒノ命の一族の立場は微妙であった。本来アメノホヒノ命は高天の原の出身で、金印奴国に属するのであるが、金印奴国の衰退とともにその本国に見切りをつけて、倭面土国とは友好関係にあったのである。

何分にも三五八本もの銅剣を帥升より奉納され、それを宝物殿に山積みにして飾っているのである。

やがて、倭面土国が決定的に崩壊したとの報がとびこんできたとき、一族のとるべき方法は一つしかなかった。つまり金印奴国側につくということである。

かといって、一族は国譲り以来出雲大社の祭祀を務め、出雲の人々の信頼を集めており、かつ大国主命に対する出雲の人々の信仰は根強いものがあり、それらを無視し反古にしてまで金印奴国へ服従することもなかった。一族が国譲り以来七〇年にわたり出雲を治めることができたのは、出雲の人々の信頼をかちえたからであった。そうでなければ、金印奴国の勢力が衰退したとき、出雲の人々により倒されていたであろう。

結局はアメノホヒ一族のとるべき道は、出雲の人々の信頼を失うことなくいかにして金印奴国とよりを戻すかということであった。

だとすれば、三五八本の銅剣はどうすべきであろうか。

倭面土国から奉納されたものを、飾り奉っておくわけにはいかない。かといって大国主命に捧げられたものを、鋳潰したり捨ててしまうのもまずい。となると隠すしかないのである。時代がまたどのように変わるかはわからないから、一時か永久か、とにかく隠してしまおうというわけである。

選ばれた場所は、神庭西谷《かんばさいたに》（荒神谷遺跡）。西谷とは、斎谷のことで、祭祀をする所であったのだろう。おそらくアメノホヒの一族が新たに作った宝物殿に近い所であったのだろう。

宝物殿に積まれ祭られていた銅剣は再び七つの箱に入れられ、輿に乗せられて西谷へと運ばれていった。

西谷の人目につかぬ小谷の斜面が平らにならされ、そこに一本ずつ丁寧にびっしりと並べられていった。

一番目の箱の中身が並べられ、続いて二番目の箱の中身が、そこから横に三番目の箱が、そして四番目が、さらに隣りに五番目が六番目が、そしてその隣に七番目として、最後に鋳造された銅剣が並べられた。

そのあと、布で幾重にもおおわれ、土が静かにかけられていった。

ついでそこから七メートル離れた場所もまた平らにならされ、国譲りのときアメノホヒノ神が入手（大国主命の国譲りのときに、戦利品として獲得された神財庫の宝のアメノホヒノ神の取り分）した銅矛、銅鐸も同じように埋納されたのであった。

一方、神原郷の旧大国主命の神財庫に、諸国より再び納められていた銅鐸は、神原郷の大国山よりの谷の奥、加茂岩倉の小谷の、やはり斜面に埋納されたのであった。

神庭荒神谷の銅鐸銅矛と加茂岩倉の銅鐸について、私は次のように考える。

神庭荒神谷の銅鐸は、加茂岩倉銅鐸よりも概して古いもので、形式ではⅠ式とⅡ式に入るという。

加茂岩倉銅鐸の製作時期は、弥生のⅡ～Ⅳ期にあたる。（およそBC二世紀からAD一世紀）加茂岩倉からは「扁平鈕式」（Ⅲ式）の銅鐸と「外縁付鈕式」（Ⅱ式）の銅鐸とが出土している。

一般に「扁平鈕式」の銅鐸は「外縁付鈕式」の銅鐸よりも新しいとみられている。

神庭荒神谷からは、「扁平鈕式」は出土しなかった。

これらのことから、神庭荒神谷の銅鐸が集められたのは、加茂岩倉よりも古いということである。つまり、神庭荒神谷の銅鐸の収集者が収集を止めた後も、加茂岩倉の収集者は集め続けたか、または神庭荒神谷の収集がおわってから、加茂岩倉の収集が始まったかのいずれかである。私は神庭荒神谷の銅鐸は、国譲りの際の戦利品の分け前の、天菩比神の取り分であると考えているので、その時に天菩比神一族の手にわたり保管されていて、百二十年頃に埋納されたと考える。

一方、加茂岩倉の銅鐸は、金印奴国の掠奪後、大国主命を慕う人々によって再び銅鐸が集められ、天菩比命一族の場所とは異なる場所（元の神財庫）に収納されていたものと考える。そのために神庭荒神谷よりも新しい形式の銅鐸が含まれていると考える。

一方、銅矛圏からの奉納はなかったとみてよい。

神庭荒神谷の銅矛であるが、形式は中細形と中広形があり、中広形は弥生Ⅳ期の製作であるという。

弥生Ⅳ期の終わりは、私はAD50年説をとっているので、終末が私が考えている国譲りの時期に合う。中広形銅矛は、国譲りの時に高天の原側に渡り、天菩比神に分譲された物である。国譲りの時、大国主命の威勢は最盛期にあったといってよい。その結果出雲などの銅鐸圏の他に、銅矛圏をもその圏内に収めた結果、銅矛の奉納があったものと考える。

そして出雲の人々は再び高地性集落に閉じこもることとなった。西出雲はアメノホヒ一族のもとに、金印奴国と敵対関係になることは避けられたのであるが、東出雲、伯耆国では高地性集落が発達しているところから、地域的に対策が異なっていたようである。

出雲の高地性集落は、弥生時代後期後半（二～三世紀）に最も隆盛をみたという。西暦一〇〇年代から二〇〇年代である。ちょうど倭面土国滅亡の時期と重なりをみせる。

山陰地方で最も著名な高地性集落は、妻木晩田《むきばんだ》遺跡である。

妻木晩田遺跡は、一世紀前半頃から居住が始まり、人数のピークは二世紀後半頃で九百棟の建物があったとみられており、二百年をすぎると人口は減少をみせはじめる。

国譲りのあたりから始まった高地性集落の形成は、いっとき金印奴国の衰退により鈍ったが、金印奴国の再興によって再び高地に居住を開始し、卑弥呼の登場によって北部九州の治世が安定することにより、出雲への外的脅威が取り除かれために、山を降りはじめたようである。邪馬壱国による出雲攻略は失敗したようである。出雲沿岸に到来したであろう邪馬壱国の軍勢は、沿岸を荒らしまわっただけのようである。

妻木晩田遺跡は鳥取県西部（伯耆国）の米子市の近くにある。淀江駅で降り、線路をわたり田圃の中の道をまっすぐ目の前の山のほうへむかって進むと、右手に「伯耆国古代の丘公園」の望楼風建物がみえ、左手には高校がみえてくる。「古代の丘公園」は、妻木晩田遺跡が有名になってから作られたのかと思ったが、それ以前の上淀廃寺の壁画の発掘を機会につくられたらしい。

高校のあたりから坂道となり、道は大きくカーブして遺跡の発掘事務所へとつく。この遺跡は標高一〇〇メートルぐらいの台地上にある。元々は、ここをゴルフ場にしようと計画が建てられたほどであるから、台地上はいくつかの細長い平地がひろがっている。そのゴルフ場を造成する前に発掘調査が行なわれた際、総面積一五六ヘクタールという日本最大の弥生遺跡であることがわかった。遺跡はいくつかの谷によって七地区に分けられており、地区毎に違った機能をもっている。ちなみに地区の名称と主な機能をかいてみると次のようになる。

洞ノ原《どうのはら》地区——砦と王一族の墓地

妻木山《むきやま》地区――人々の居住区
妻木新山《むきにいやま》地区――人々の居住区
仙谷《せんたに》墳墓群――新しい王一族の墓地
松尾頭《まつおがしら》地区――王の住まいと祭殿
松尾城《まつおじょう》地区および小真石清水《こまいししみず》地区　となる。

発掘事務所から妻木新山地区に行く途中、窪地に水がたまったような跡があり、驚いたことに水辺の植物の蒲《がま》が生えていた。このような山の上に蒲がはえているとは思わなかった。

遺跡は掘りあげた状態で、赤土が露出し遺跡という感じがよく表れていた。洞ノ原地区へむかっていくと、四隅突出墓《よすみとっしゅつぼ》が多数あり赤土の上に露出して散らばっていて形状がよくわかった。

洞ノ原地区の先端に環壕に囲まれた地区があった。そこからの景色は絶景であった。まさに絵に描いたようである。眼下に緑の水田がひろがり、海に沿って淀江の町が、そしてはるかに弓ケ浜がゆるやかなカーブを描き、青い海を囲んでいた。

周りは夏草が生い茂り、九州の里山の感じとは異なり、どことなく東北の山という感じがした。眼下の水田地帯にはかつて淀江潟があり、船が出入りしていたという。岸近くには上淀廃寺があり、古代においてここが重要な地であったことが知れる。

国府や寺が置かれたところは、それ以前からその地域の中心であったところである。

妻木晩田遺跡には戦闘の跡はなく、洞ノ原地区の環壕も狭く、せいぜい保塁といった程度である。

山陰地方の高地性集落は、吉野ケ里にみられるような鉄壁の要塞都市ではなく、平地の集落が危険にさらされた時に逃げ込む程度の集落とみえた。ただ妻木晩田遺跡については、そのような逃げ城的なものだけではなく、別な機能も持っていたようである。

妻木晩田遺跡について書かれた「海と山の王国」（佐古和枝編、「海と山の王国」刊行会）で次のように解釈している。

「ここの場合は、そんなことではなくて、あの山の上こそが、かつてこの伯耆に住んでいた人たち、淀江あるいは大山町のあたりの一角に住んでいた人たちの長期間にわたる本拠地ではなかったか。むしろ低いところは、淀江の海とか、入江とか、湿地帯が多くて逆に住むのには辛い。低いところは、別の利用価値がある。水田を造る場所が少ないところでは、家を建てることよりも、田圃を開く方を選ぶと思います。」

かくしてここは、台地の上に多くの建物が立ち並ぶ、この地方の国の拠点であったと思われる。

邪馬壱国の軍船がいつごろまで、どのくらいの規模で襲来したのかはまったく知れないのであるが、かなりの長期間、山陰地方に脅威をあたえ続けていたものと思われる。やがて、北部九州が卑弥呼の即位により大乱の終息をみ、山陰地方への脅威が取り去られた時、ようやくこの地方にも平穏な時代が訪れたのであった。

結局は邪馬壱国は、山陰地方の攻略に失敗したようである。

四隅突出墓という山陰地方独特の墳墓がある。この墳墓の分布は、西は島根、広島県北から、東は富山県までの広範囲に広がり、共通の文化圏を構成している。その隆盛は一五〇年頃であることから、邪馬壱国の支配は結局この地方までは及ばなかったものと考えられる。

卑弥呼の治世がややすぎたあたりから人々は山をおりはじめ、妻木晩田は昔の山の静けさへと戻っていったのである。

そしてもはや人々の生活を脅かすものはなにもないと思っていたとき、脅威は西からではなく東からやって来た。

崇神天皇率いる大和朝廷が、その矛先を出雲へも向けてきたのである。

日本書紀によれば、崇神天皇の時に出雲振根《いづもふるね》の話がでてくるが、それまでの間の歴史はまったく残っていない。平和な時代の平和な話は残らないのであろうか。

第三節　神話との接点

倭面土国を滅ぼした金印奴国王はだれであろうか。

この金印奴国中興の祖は男王であることはわかっている。一二〇年頃衰退した金印奴国をまとめあげ、吉野ケ里を拠点として再びその強力な軍事力をもって北部九州を席巻した人物。

倭面土国を滅ぼし、新羅の東辺に襲来し、恐怖心を植え付け、同様に山陰地方の諸国にも恐怖の種を蒔き、おそらく瀬戸内地方にも侵攻したであろう。金印奴国は再び倭国の代表としての地位を確保したのであった。しかしその勢力圏は、最終的には北部九州に限定されたもので、失地回復は完全とはいかなかったようである。その王の治世は、七、八十年であったと記されている。

そもそも倭面土国と金印奴国は、どのような関係にあったのだろうか。

それを日本の史書である「古事記」から読み取ってみたい。

本書では、日本神話について、それを架空の物語であるとか、後世史家の創作であるとはせずに、何らかの事実が含まれていると考え、論じてきたわけである。

それでは、この倭面土国は、日本神話の中に位置づけられるのだろうか。

私は天孫降臨は、AD五〇年頃と仮定して考えている。その根拠は、AD五七年の後漢光武帝の金印授受は、倭国統一をもってのものであると考えたからである。その時の王は、高木神と考え、その国名を倭奴国（委奴国・金印奴国・イト国）とした。

では、古事記の天孫降臨の件について、これがAD五〇年の事と仮定して考えてみよう。

天孫とは天照大御神の孫、すなわち天照大御神の子の正勝吾勝勝速日天忍穂耳命《まさかつあかつかちはやひあめのおしほみみの》の子の天邇岐志国邇岐志天津日高日子番能邇邇芸命《あめにぎしくににぎしあまつひこひこほのににぎの》のことである。略して邇邇芸命《ににぎの》である。

ニニギノ命は降臨するとき、嬰児であったようであるから〇才と考える。その年代をAD五〇年とする。

ついで、ニニギノ命が十八才になった時、国神である大山津《おおやまつみの》 神の娘、名は神阿多都比売《かむあたつひめ》亦の名は木花佐久夜毘売《このはなのさくやひめ》と一宿婚《ひとよまぐわい》をし、その結果三つ子の誕生をみた。その年代は六八年とする。

三つ子の一人の火須勢理命《ほすせりの》が長男であり、十六の時に結婚したとする。年代は八四年となる。その時にニニギノ命は三十四才である。勿論ニニギノ命は葦原中国を治める王である。昔は人間五十年といわれているので、ニニギノ命は大体五十～六十才までの寿命を保ったと考えてみる。そうするとニニギノ命の没年は五十才として一〇〇年、五十五才として一〇五年、六十才として一一〇年である。しかし没年の史料はまったくない。

一方スセリノ命は、六八年に生まれたのであるから、ニニギノ命五十才の時には三十二才、五十五才の時は三十七才、六十才の時は四十二才となる。

そうするとスセリノ命は一〇七年には三十九才ということになる。壮年であり、もっとも活躍できる年でもある。一〇七年当時の葦原中国の王はニニギノ命なのか、それともスセリノ命なのだろうか。

次に考えるべきことは、倭面土国王帥升の「シュセン」とスセリノ命の「スセリ」の音が似ているということである。

倭面土国とは、ニニギノ命の降臨した葦原中国（従来の説では日本全土とされているが、実際には、博多湾西部から糸島半島にかけてであったようである）と重なることに気がついたことと思われる。

こうなってくると、帥升が須勢理命であっても不思議ではなくなる。

そこでこの両者の音韻上の相似について詳しく考えたい。

前に倭面土国名において、訛りがあったのではないかと論じたが、今一度考えてみたい。

前著では、今山、今宿のイマはイメンが転じたものだとしたが、これは逆で、イマエが転じてイメンとなったものであると訂正した。

つまり通訳（中国人か朝鮮人か倭人かは不明）は相当訛っていたか、倭人の通音をそのまま伝えたかである。

そしてここの方言は北部九州方言であり、北部方言の法則によって、音韻が変化するのである。北部九州では、先生（センセイ）ことを「シェンシェイ」と発音するというのである。「サシスセソ」が「シャシィシュシェショ」となるらしい。

そうすると、倭面土国王帥升（シュセン）はどうなのであろうか。

前に周船寺の現在音スセンジは、シュセンジが転訛したものだとしたが、こうなってくると、元々はスセンジでありそれが訛ってシュセンジとなり、漢字を周船寺と当てはめたが、正式名のスセンジで訛らず発音され今に至ったものであろう。

こう考えていくと、国王「シュセン」は訛って中国人に伝わったものなのであろうか。

国名の件から考えると、王名も訛って言ったとみるほうが自然ではある。そうすると「スセン」が正しい発音とみられる。倭国内では、尊称としてミコト（尊、命）ということばをつけるのでスセンノ命ということになる。

これがニニギノ命の子のスセリノ命と非常によく似ているのである。そして、その時代にスセリノ命が壮年で一国の指導者として辣腕をふるっていても不思議ではない。

スセリノ命についてもう少しみていきたい。

火須勢理命の出生は次の如くである。

木花佐久夜毘売が一夜で妊んだのをニニギノ命があやしんだのを、毘売は怒り「不倫であるなら、うまく生まれないだろう。」と言い、産屋に火をつけて産んだところ、その火の盛りに燃える時に生まれたのが火照命《ほでりの》、次に生まれたのが火須勢理命《ほすせりの》、次に生まれたのが火遠理命《ほをりの》亦の名は天津日高日子穂穂手見命の三人であった。一緒に生まれたので三つ子である。

スセリノ命は、二番目に生まれたのであるが、昔は、というより最近まで日本では、多胎児出産に関しては、初めの子は汚れているとして、次子を長男とする習わしがあるので、二番目のスセリノ命が長男となるのである。初めの子が海幸彦、三番目の子が山幸彦となり、山幸彦の子が鵜葺草不合命《うがやふきあへずの》である。そしてその子が神倭伊波礼毘古命《かむやまといはれびこの》である。日本書紀では、人数や順番等異説が多い。

スセリノ命の「須勢理」は大国主命の妃に須勢理姫が居ることから、火が燃え盛っているという意味ではなさそうである。また「火《ほ》」も「穂」という字を使った人名も多いことから、かならずしも火の意味ではなさそうである。

つまるところ、ホスセリノ命という人がいて三つ子だったことと、ホスセリという名から燃えている産屋で生まれたという話が生まれ、兄弟も火に関係のある名前がつけられたということがわかる。

そしてスセリノ命が長男であるということである。葦原中国を治めていたニニギノ命の後継は初めからスセリノ命であったと言いたいところであるが、実は、そうとはいかなかったようである。というのは、スセリノ命の母は国つ神の娘であり、天つ神ではないのである。

ニニギノ命には天つ神の正妻が居たことであろう。もっとも「記紀」のどこにも載っていないのであるが、本来は正妻の子が後を継ぐのであって、妾腹の子が嫡男になることはないのである。しかも木花佐久夜毘売は一夜だけ命とすごし、出産する時まで会っていないのである。

それらから想像をたくましくするならば、木花佐久夜毘売が一夜でみごもったことを、ニニギノ命が怪しんだことから、ニニギノ命には他に妃は居たが、子宝に恵まれなかったのではないだろうか。だからこそ一夜でみごもったことを怪しんだのではないだろうか。

そうすると、本来なら跡を継ぐことのない、妾の子であるスセリノ命がニニギノ命の跡をついだとしても不思議ではない。

「古事記」においては第一子のホデリノ命が漁師に、第三子のホヲリノ命が猟師になったとあるが、スセリノ命については何ら記述がない。(日本書紀ではスセリノ命海幸彦説など異説がある。) このことは、スセリノ命は跡継ぎとしてニニギノ命のところで大切に育てられ、兄弟でありながら他の二人は別な待遇であったことが知れる。

日本では家督を継ぐ長男は大切に育てられるが、それ以外の子はさして大切に扱われない習わしがあった。

では、そのスセリノ命のことが、なぜ「記紀」に登場しないのかというと、「記紀」は天皇家の歴史伝承なのであって、その祖先のホヲリノ命のことが中心となっており、それからはずれていることは省かれているのである。だからスセリノ命がその後どうなったかは「記紀」の中に出てこない。

スセリノ命がニニギノ命の後継者となり、「倭前《いまえ》の国」（葦原中国）の王となったとしても不思議ではない。その間、金印奴国では、高木神はもはやなく衰退の一途を辿り、北部九州での統率力を失ったものと思われる。

スセリノ命はその領域の拡大を計り、新羅と和を結び、出雲に銅剣を送り誼を結ぼうとした。そして大使節団を率いて、中国に朝貢したのであった。まさにその勢いは旭日の如くであったろうか。

しかしその栄光も長くは続かなかった。

やがて混乱の続いた金印奴国に新しい王が立てられ、その王の下、強力な軍事力と統率力を背景に、再び倭国の覇権を回復しようとしたのである。

そのためには倭面土国を倒す必要があった。

金印奴国に言わせると、もともとは金印奴国の方が高天の原より上なのであり、その配下であるニニギノ命系の王朝は、金印奴国の下であるはずである。事実漢王朝も倭面土国を正統と認めなかったではないか。まして国つ神の娘の子であるスセリノ命（師升）やその子孫の覇権など認めるわけにはいかなかった。まさに自国の衰退の間に勢力を拡大した倭面土国などは、まことにけしからん国であった。

その討伐戦は成功し、倭面土国は消滅した。その際の諸国の動揺は前述した。

論功行賞は金印奴国によって行なわれたのはいうまでもない。

その全ての処置が終わったとき、その論功行賞から漏れた一族がいた。彼らはスセリノ命の兄弟のホヲリノ命（山幸彦）の子の鵜葺草不合命の子供たちであった。

彼らはスセリノ命の傍系であったが故に、倭面土国においては冷遇されていたようである。しかし、それが幸いしたようである。倭面土国の重要な地位にあったら、一緒に殺されていたかもしれない。

「天津日高日子波限建鵜葺草不合命《あまつひこひこなぎさたけうがやふきあわずの》、その姨玉依毘売命《おばたまよりひめの》を娶《めと》して、生みませる御子の名は、五瀬命《いつせの》。次に稲氷命《いなひの》。次に御毛沼命《みけぬの》。次に若御毛沼命《わかみけぬの》、亦の名は、豊御毛沼命《とよみけぬの》、亦の名は神倭伊波礼毘古命《かむやまといはれひこの》。故、御毛沼命は、波の穂を跳《ふ》みて常世国《とこよの》に渡りまし、稲氷命は母の国として海原に入りましき。

神倭伊波礼毘古命、その同母兄《いろせ》五瀬命と二柱、高千穂宮に坐して議《はか》りて云りたまひけらく『何地《いづこ》に坐さば、平らけく天の下の政《まつりごと》を聞こしめさむ。なほ東に行かむ』とのりたまひて、すなわち日向より発たして筑紫に幸行《い》でましき。」として、新天地を求めて、東へと出発した。一二〇年代のことである。

以上はAD五〇年頃に、金印奴国による「倭国統一」があり、それと「国譲り」と「天孫降臨」がほぼ同時であると考えたうえでの解釈である。ただ問題は、果たして「倭国統一」と「国譲り」「天孫降臨」が「ほぼ同時」であるのかということである。

確かに、はじめのうちは、「ほぼ同時」と考えて歴史を構築してみてきたのであるが、研究をすすめていくうちに、これらの間には、ある程度の時間差が存在したと考えられるようになってきた。「倭国統一」は五〇年頃でよいのだが、「国譲り」「天孫降臨」は、もう少し前であったようなのである。

出雲に葦原中国（博多湾岸）の割譲を求め、ついには軍船を派遣した背景には、その間に軍事力が拡充されたと考えてよいだろう。

また「出雲国譲り」「天孫降臨」が即「倭国統一」とは限らないと思う。

私が考える「倭国統一」とは、瀬戸内も含む西日本一帯である。「出雲国譲り」の後、諸国の平定がある期間行なわれたはずである。また、五七年の朝貢も、光武帝の晩年であることから、必ずしも「倭国統一」の報告に訪れたとばかりはいえない。そして、「記紀」や史書の登場人物の活躍する年代の推測からも、「出雲国譲り」「天孫降臨」「倭国統一」は、それぞれに、ある程度の時間差があったものと考えられる。そうすると、「倭国統一」は五〇年頃としても、「出雲国譲り」はAD四〇年頃と考えられる。「天孫降臨」は若干その後である。

「国譲り」「天孫降臨」が、四〇年なのか五〇年なのかをはっきりさせたいところなのであるが、登場人物の生年や死亡年が不明である以上、登場人物の相互の関わりをつきあわせることによって推定していかざるを得ないことから、今のところ、四〇年から五〇年の間と設定せざるをえないものである。

古くからの伝承である「記紀」の物語を、他の資料と照らし合わせて、歴史として組み立ててきてみると、以上のような結果としてあらわれてきた。問題は、これがどの程度まで真実にせまっているのかということである。

いや、そもそも「記紀」の物語は架空の物語であるから、これらの資料と結びつけて考えること自体無意味であると片付けてしまうこともできる。

しかし、プロローグでも述べたように、私は「記紀」の物語は、後世史家等の創造の産物として捨て去るのではなく、その中から、過去の事象を引き出すことができるものと考えている。

この書では、外国の資料に「記紀」等の国内資料を照らし合わせ、そこに何らかの接点をみいだすことができるかと考えたものであるが、次は、「記紀」の物語等の中から、過去の事象の年代を下から上へと探りだしていきたいと思っている。

そうした時、果たして「記紀」と外国の資料そして考古資料は、どこかで結びつくことができるのであろうか。

第四章　卑弥呼の登場

第一節　倭国大乱

年代と範囲

倭面土国を滅ぼした金印奴国の中興の王は、その後数十年にわたって倭国を統治していった。

その後が、

「其国本亦《そのくにもとまた》男子を以て王と為し、住まること七、八十年」というわけである。

「倭国乱れ、相攻伐《あいこうばつ》すること歴年」（魏志倭人伝）

また後漢書倭伝では、

「桓・霊の間、倭国大いに乱れ、更々《こもごも》相攻伐し、歴年主なし。」

隋書倭国伝に、

「桓・霊の間、その国大いに乱れ、遆《たが》いに相攻伐し、歴年主なし。」

ということで、後漢書の「倭国大いに乱れ」をとり、「倭国大乱」と呼びならわされている。

そして更にその後が、

「乃ち共に一女子を立てて王となす。名づけて卑弥呼という。」

と続く。

要約するならば、倭国の王が七、八十年統治した後、倭国が大いに乱れ、その後、女子を共立し、卑弥呼と名づけたということである。

「其国本亦」とは、女王卑弥呼の治世を基にして述べている。

つまり、わざわざこのように特筆したということは、中国にとっては異常な政権なのである。中国では、皇帝や王は男と決まっており、女性が王になるということは、考えられないことであった。そのため、その珍しさのために、魏志倭人伝が、他の蛮夷伝のなかでも約二千字という大量の字数を誇る文となったわけである。

しかし、この女性が王であるという状態は、本来のものではなく、元々は男子が王なのだという。とすると「其」とは、どの国のことであろうか。倭国全般のことなのだろうか、それとも倭国代表邪馬台国のことなのだろうか。

何故このような疑問を出したかというと、論者の中には、倭国では古くから女性が多く王であったと考えている人がいるからである。

確かに「創世神話」では、天照大御神という女性が高天の原を治めていた（王）となっているし、他の伝承や遺跡の中にも女性が王であったのではとみられる例もある。しかし、卑弥呼以前において、女王が倭国内でどのくらい存在していたのかについては、今後の検討課題としておきたい。尚、金印奴国と高天の原は同じ国のように書いてあるが、本来は（天石屋事件まで）別の国であると私は考えている。（前拙書参照）。

私は、「其国」とは、この文面（倭人伝）では邪馬台国のことであると思う。中国の対外交渉において、中国が相手にしているのは、あくまでも正統なる王朝国家なのであるから「其国」とは邪馬台国のことでなければならない。

では過去にさかのぼってはというと、その時々の倭国の正統な国のことである。中国に正統とみられていた国の王は、全て男子が王であったということになる。

「住まること七、八十年」であるが、文脈からすると、これは一人の王が治めていた年月とみられる。「其国」に七、八十年前まで王がいなかったわけではない。

その王とは前述した金印奴国（邪馬壱国）中興の王である。

一人の王が七、八十年とは長いようであるが、これは倭人の年の数え方によるからである。当時の倭人は、一年に二つ、年をとるという計算をしていたという。これを二倍暦という。

そのことは、倭人伝の次の記事でわかる。

「その人寿考、あるいは百年あるいは八、九十年。」

とあり、これは当時の世界の寿命からして高すぎる。

そこで現代では、当時の年は半年を一年として春と秋にそれぞれ正月があったとして考えると納得がいくとしている。

また、裴松之注《はいしょうし》では、「魏略にいう。その俗は正歳四時を知らない。ただ春耕秋収を記して年紀としているだけである。」としている。

つまり一年を春と秋をもって歳を記していたとみられる。

これは現代の神社の行事や旧暦を調べてみると、その名残りをみつけることができる。

宮中年中行事の六月と十二月に大祓《おおはらい》の行事があり、他にも、六月、十二月の同じ日に行なわれているものが少なくない。また七月と一月の行事もよく対応している。

魂祭りは、年二度行なわれ、正月と盆を区切りとする、六ヵ月を単位としていたという。（盆行事が仏教の行事に考えられているのは、仏教徒の指導によるもので、本来は仏教伝来以前からの伝統である）。

民間行事の中にも、六月と十二月の区切りの名残りをとどめているものがある。

盆綱引きや正月綱引きなどである。（邪馬台国への道　安本美典　筑摩書房）

倭人伝における寿考は倭人に聞き書きしたのであろうから、倭人は倭人の数え方でこたえたものであろう。それで、そのまま寿考が百年、あるいは八、九十年と答えたのを書いてしまった。とすると住《とど》まること七、八十年も倭人からの聞き書きとみてよい。よってその半分の三十五～四十年間、男王が治めていたというわけである。

王の在位年数が三十五～四十年とわかり、この王が倭面土国を滅ぼしたとみられる。そして倭国大乱の勃発はその王の死の直後であるとみられる。

次の課題は、

「倭国乱れ、相攻伐すること歴年」とある。

この男王の治世のあと、倭国が乱れ、相攻伐するほどの戦乱となったという。

ここにいう「倭国」とは、どの範囲を指すのであろうか。

今までは、多くの論者は、倭全体のこととしていた。当時の倭とは、日本国の西半分（琉球は除く）と考えてきた。（関東以西とする説もある）。そしてこの倭全体を覆う戦いの時代があったと考えてきた。それでは、この倭国全体を覆う戦いの時代があったのであろうか。

弥生時代の一時期、この西日本の、主に瀬戸内地方に高地性集落があらわれ、それらを考古学者は、倭国大乱によるものだと考えていた。

第一次高地性集落とは、弥生中期後半から後期初めにかけて、瀬戸内海を中心に発達した集落で、戦闘用又は戦争を避けるための集落と考えられ、丁度倭国大乱の時期にあたるため倭国大乱と関係していると考えていた。

ところが、

「一九七〇年代には、第一次の高地性集落こそが『魏志』倭人伝に書かれた卑弥呼共立前の『倭国乱』(『後漢書』では一四七〜一八九年)を示すものだ、という仮説が一般化していた。そして邪馬台国近畿説の立場からは、この高地性集落は、卑弥呼を擁立する近畿の勢力が、西の勢力を制圧するために進出した軍事的な前進基地だ、と理解されたのである。しかし後に、土器の編年や暦年代の研究が進むと、『中期後半』は前一世紀後半から一世紀前半の約百年間に相当することが確かとなってきた。第一次高地性集落『倭国乱』とは、まったく関係のないものとなったのである。」(日本の歴史02　寺沢薫　講談社)

つまりそれまで高地性集落は、弥生中期後半から後期初めにかけて(AD一世紀から二世紀前半)のものであって倭国大乱の時期と重なるとされていたのが、その後の研究で、弥生中、後期の年代がぐっとくり上がって、倭国大乱と離れてしまったということである。中、後期の年代はくりあがったからといって、倭国大乱の年代はくりあがらないのである。これは中国側の資料によって年代がきまっているからである。

ぐっとくりあがった理由は他でもない。前述した池上曽根遺跡の柱根の年輪測定によるものであった。その結果、弥生中、後期の年代が、ざっと百年もくりあがってしまい、この高地性集落の時期と倭国大乱の時期がかけはなれてしまったのである。

確かに、日本人からみたら、倭国大乱といわれたら、西日本全体、人によっては関東地方まで巻き込んだ戦乱と考えやすい。しかし、これは中国の史書によるのであるから、中国人の目で解釈しなければならない。大乱とは広範囲だからというわけではない。あくまでも大いに乱れたと解釈できる。

私はこの大乱を北部九州中心の戦いとみている。

そもそも中国の史書は倭国内の全ての、又は多くの戦いを記録しているわけではない。

倭人伝のこの文章は、あくまでも卑弥呼登場へのプロローグとして書かれているのである。卑弥呼登場の前に乱世があったというのであって、この乱世以外、日本は平和な島国で戦乱の時代がなかったというわけではない。源平合戦、南北朝の戦乱、戦国時代等々、中国の史書に載っているであろうか。

弥生時代にもそのような戦乱の時代があった。墓から発見される夥しい数の戦争の犠牲者の数をみると、騒乱は相当あったものと思われる。この倭国大乱の前でさえAD五〇年の倭国統一の戦い、AD一二〇年の倭面土国崩壊などの戦いがあったはずであるが、中国の史書には載っていない。

新王選出会議

倭国大乱の性格はどのようなものであったろうか。

中国史書によれば「更々《こもごも》相攻伐」とある。これは単純な国同士の攻め合いとか、略奪目的の戦いとはみえない。

これについて水野祐氏は「日本古代国家の形成」の中で「倭国の内乱は、桓帝在位の晩年にはじまり、一進一退を繰り返しながら、しだいに深刻の度と規模とを拡大し、霊帝の光和年中にいたって、ついにクライマックスに達したのであろうと。その間、かりに桓帝の没年永康元年（一六七）にはじまって、霊帝の光和年（一七八）までつづいたとしても十年になる。もし光和の最終年光和六年（一八三）まで続いたとしたら十六年にもなる。」としている。

始めは小さな火であったが、やがて大きく燃えあがり、燎原の火の如く広がっていったと考えられていた。多くの論者もまたこの考えである。

確かに乱の終末期には勝敗はまったくつかず、人々は疲弊し、戦いに飽いた状態になったという。

次に「歴年主なし」とある。何故倭国王がいなくなったのであろうか。

前王が七、八十年（三十五乃至四十年）治めた後、王の死後には次の新王が位に就いたはずである。普通は空位は生ぜずすみやかに就任するものである。

それがうまくいかなかった。

新王が選出されなかったか承認されなかったのである。

金印奴国中興の王は、三十五年から四十年も位にあったとすれば、死亡した時の年令は七十才ぐらいであったろうか。すると長男は五十才ぐらいとみられる。ひょっとすると長男はもはや亡く、その兄弟や孫の中で王位を争ったのかも知れない。

当時、倭国王をどのようにして決定したのかは知れないが、何か王位継承に関して、根本的な欠陥があったのであろうか。

金印奴国が、中国に朝貢した後、衰退し、倭面土国の制覇をゆるしたのも、卑弥呼の死後男王を立てたが国中が服さなかったのも、台与《とよ》の後邪馬台国が消息不明になったのも、全て王位継承がからんだものと思われる。

王位継承の問題について想像してみると、次のことも一つの原因ではないかと考えられる。

倭人伝に、

「有男弟佐治国《だんていありたすけてくにをおさむ》」

神武紀に、

「故ここに宇陀に兄宇迦斯《えうかし》、弟宇迦斯《おとうかし》の二人あり。」

景行紀に、

「ここに熊曾建《くまそたける》兄弟二人」とある。

つまり政治は兄弟で共に行なうということらしいのである。

もう一つ考えられることは、これは金印奴国人の起源にも関することになるのだが、国王の選出は、合議の上に成り立っているのではないかということである。

卑弥呼が共立されたということに関して、共立とは例外であると考えられていたが、そもそも倭国王は、合議制で決定されたと考えられる。

東北アジアでは、部族の運営は会議によって成り立っていたという。これをクリルタイという。「クリルタイとは蒙古語で〈集会〉の意。12世紀の蒙古部の興隆期に際し、史上にこの名が現われ、はじめは氏族とくに部族連合の長の選挙、略奪戦争の計画、法令の頒布等の協議を目的として、その集団の全員参加のもとに開かれたが（中略）烏丸（うがん）、鮮卑（せんぴ）、（契丹（きったん）族などもこれと同様の制度をもち、集会の席上で君主が選ばれ即位した。」（世界百科辞典　平凡社）とある。

記録は十二世紀からとなっているが、蒙古族の他、烏丸、鮮卑、契丹族にもみられることから、太古より東北アジアでは、この制度がとられていたことがわかる。

そして倭国（金印奴国）においても、これと同様、王を会議で選出していたと考えられる。合議により共立せられるのである。もちろん会議の参加者は大人である。または国の王や貴族であったろう。

中興の王は、後継ぎを指名したのだろうか。それとも、伝統を守り会議にまかせたのであろうか。空位が生じ、更々相攻伐するような戦いとは、王位継承をめぐる争いであったと考えられる。中興の王の死後、誰を新王とするかで会議はおおいにもめたのである。候補者が複数居り、話し合いでの決着がつかなかったのである。そしてそれぞれの候補者を擁したグループ同士が戦いをはじめたのである。

おそらく戦いは突然始まり、決着をみぬまま長い間続いたと考えられる。圧倒的な勢力がなかったところから、それぞれが味方を集め、離合集散をしたりと、まさに天下麻の如く乱れたという古代の応仁の乱といったところであろう。

（高天の原系の王位継承は長男相続であることから、金印奴国とは別の部族〈民族〉とみてよいと思う。）

歴年とは

次に、その大乱の期間はどのくらいだったのだろうか。

倭人伝にはただ「歴年」としか記していないが、後漢書倭伝には「桓・霊の間」とある。ここでいう桓・霊の間とは、後漢朝の皇帝、桓帝と霊帝の在位中のことである。

桓帝は一四六年から一六七年の在位。（十二月没）

霊帝は一六八年から一八九年の在位である。（四月没）

この桓帝と霊帝の間、一四六年から一八九年までの間が、まるまる乱れていたというわけではないが、一四六年以前に大乱は起こっていないし、一八九年までは終息していることになる。

よって吉川弘文館標準日本史年表では、「一八九？　卑弥呼邪馬台国女王となる」と記されている。

一八九年は少帝が即位し、ついで同年献帝が即位している。

この献帝が後漢最後の皇帝であり、二二〇年に魏の文帝に禅譲している。文帝は二二〇年から二二六年まで在位、ついで明帝が二二六年から二三九年まで在位しているが、二三九年は正月、つまり一月一日に崩御している。二三九年はたった一日の在位である。ついで少帝（斉王芳）が二三九年から二五四年まで在位している。桓帝の即位元年と共に大乱が始まり、霊帝の崩御と共に終わったとは考えられないから、桓帝が即位してだいぶたってから大乱が始まったと思われる。

それでは、もっと細かく大乱の始まった年を考証してみよう。

「住七、八十年」の「住」については、井上光貞氏は「往即ちこれよりさき」の意味であり、南北朝の時代の金石文などにも行人偏を人偏に作ることは、しばしばみられるという。そして倭人伝の筆者は、卑弥呼が盛んに魏と通交した三世紀の四〇年代を基点として記述しているとし、住七、八十年といえば、二世紀の六、七〇年ということになり、これは、たまたま後漢書が桓霊間、倭国大乱と記しているのと一致するとし、卑弥呼の絶頂期から、七、八十年さかのぼって計算する人もいるという。

しかし、文面は「住」であって「往」ではなく、時代は南北朝ではない。卑弥呼の絶頂期とはいつのことなのだろうか。魏と盛んに通交していた時期は、狗奴国との戦いで不利だったようにも思えるのだが。

吉田修氏は「住」は「康熙字典」によると「止也立也居也」の義があるから、倭人伝がいうところは「倭国は元来男子をもって王としていた。その男王が居る（または立つ、または止る）こと七、八十年したら倭国に内乱がおこって、互いに攻伐して年を経た」の意味に相違ない、そうすると「七、八十年」の基点は、その男王の統治開始期とみてよい。としている。

私は、大乱の年代について次のように考える。

紀元一二〇年の倭面土国崩壊をもって、金印奴国による倭国統一復活と考えるならば、それから三十五年から四十年、男王が統治し、死後AD一五五年からAD一六〇年が大乱勃発とみればよい。

桓帝の即位は一四六年であるから十分その中に入る。

ところで「三国史記」の新羅本紀に一五八年「倭人が来て礼物を献じた。」とある。

これは、一五五年から一六〇年の中に入る。何故倭人がこの年にいきなり来て礼物を献じたのであろうか。もちろん友好のためであるが、一二三年に和を講じてから三十五年もして改めてであろうから、特別な事情も考えられる。

それは倭国において新王が即位したからだと考えられる。とすればこの時にはまだ大乱に入っていなかったのだろうか。それも考えられる。しかし文脈から考えるならば、大乱の最中、おのれが正統であると称する者が、外国にアピールするために新羅に礼物を送ったとも考えられる。

一五八年から逆算すると、三十五～四十年前はAD一一八年～一二三年となり、これは倭面土国滅亡の時期にあたる。金印奴国中興の王は倭面土国滅亡の一二〇年の何年か前に即位したと考えられる。その年は一一八年前後であると考えられ、死亡の年は一五八年の少し前とみられる。

しかし「三国史記」には、「礼物を献じた」とあるだけで詳細は記されていない。

中国側の資料と新羅側の資料を併せて考え、大乱は一六〇年の少し前から始まり、空位（自称倭王はいたようだ）のまま年を経たと考えられる。

戦乱の打ち続く中、邪馬壱国の権威は失墜していき、一方、北部九州以外の国々は邪馬壱国の脅威から解き放たれて、独立を完全に回復することとなった。

第二節　卑弥呼の登場

卑弥呼の即位

卑弥呼は倭国大乱の後に即位したとある。

倭国大乱は桓霊の間であるから、即位は桓帝の在位中ではない。霊帝の時代なのであるが、ぎりぎり霊帝崩御の年、一八九年の可能性もある。が、一九〇年とはならないであろう。霊帝の後は少帝弁（一八九年）献帝（一八九～二二〇年）であるから、もしその後も戦乱が続いていたとなると、記録は桓献の間となる。よって霊帝即位の一六八年から一八九年の間ということになるが、その間がざっと二十年はある。

次に他の資料からみてみたい。「三国史記」新羅本記阿達羅＝尼師今二十年（一七三年）夏五月倭国の女王卑弥乎《ひみか》が使者をよこして礼物を献じたとある。霊帝の即位後五年して卑弥呼（乎）が王位についたというが、何か早すぎる気がする。

次の資料は、梁書《りょうじょ》巻五四諸夷伝倭にある文である。

「漢霊帝光和中倭国乱相攻伐歴年乃共立一女子卑弥呼為王」

とある。

今迄のこの文の解釈は次のようである。

「漢の霊帝の光和の年号の年内、倭国が乱れ相攻伐するのが何年も続いた。そこで一人の女子卑弥呼を立て王とした。」

となっている。

ところで光和年は一七八年～一八四年の間である。

もし光和年中倭国大乱とすれば、七年間である。

七年間で歴年といえるかどうかであるが短い気がする。

光和年中から乱がはじまったとすれば、桓霊の間の桓帝の時代はどうなるのであろうか。

更に「三国史記」の一七三年は明らかにおかしいとなる。

そうすると何故、光和中という記録があるのかということになる。

「光和年」は、今までは、倭国乱相攻伐歴年にかかるとみられていたが、これをもう少し考えてみたい。

魏志倭人伝——住七、八十年「倭国乱相攻伐歴年乃共立一女子」為王名曰卑弥呼《おうとなすなづけてひみこという》

梁書諸夷伝倭—漢霊帝光和中「倭国乱相攻伐歴年乃共立一女子」卑弥呼為王

これから梁書の方は魏志倭人伝の「　」の部分を切り継ぎしたことがわかると思う。

つまり梁書の記事は、二つの事柄を一つに継ぎ合わせてしまったようにみえる。

光和年中にある事がおこり、そのことを倭国乱の事と結びつけてしまったのである。

倭人伝の方の「為王名曰卑弥呼」を略して「卑弥呼為王」とした、と考えられてきた。確かに読んでみると同じ事にとれる。しかし「　」を引用してきたのなら、何故「為王名曰卑弥呼」まで引用しなかったのかという問題が残る。

結局これは、梁書の漢霊帝光和中卑弥呼為王の文の中に、事情説明のために、「　」のぶんをそのままつっこんだことによるものである。

そもそもは光和年中に卑弥呼が王になったことについて、何故そういうことになったのかという説明に「倭国が乱れ長い間戦いが続いたからだ」という文を切り取ってつないだからである。意訳するならば「光和中に、それまで倭は乱れていたが、女子の卑弥呼を共立して王とした」となるのである。

かくして卑弥呼即位年は光和中（一七八～一八四年）となる。

ところで、ここにもう一つ別の史料が存在する。

それは東大寺山古墳出土の鉄剣である。それには中平という年号が刻んであった。

東大寺山古墳は奈良県天理市櫟本《いちのもと》町にあり、そこから一九六一年（昭和三十六）に発見された。

「古墳の命名は、古墳が所在する丘陵一帯がかつて東大寺の所領だったことにもとづくが、全長一四〇メートル後円部の径約八四メートル前方部先端の幅が約五十メートルの前方後円墳である。（中略）四世紀後半頃の築造といわれている。

鉄刀の刀身は、全長一〇三センチ。鉄刀背部の切っ先から七五・五センチにわたって二十四字（金象嵌）が一行でつぎのように刻まれていた。

中平□年　五月丙午造作文刀百練清剛上応星宿下辟不祥

この釈文を示せばつぎのとおり
中平□年五月丙午文刀を造作す。百練の清剛にして上は星宿に応じ、下は不祥を辟く。
（中平□年の五月丙午に名文を刻んだこの刀を造った。この百度鍛練した立派な刀は、天上では、星座の神々のお役に立ち、地上では不祥事を避けることができる。）

中平は霊帝の治世期間の年号で西暦一八四年から、一八九年にあたる。『梁書』倭伝で第一次倭国大乱があったという「漢霊帝の光和中」につづくのが中平年間なのである。」(卑弥呼の正体　遠山美都男　洋泉社)

この鉄刀がなぜ問題になるのかというと、まずなぜこれが日本にあるのかということである。ここで当時の中国の情勢を言うならば、後漢帝国は末期を迎えており国内に経済的矛盾が拡大し争乱状態となっていた。

特に黄巾の乱は有名である。

黄巾の乱とは、鉅鹿(河北省順徳)の張角が指導した新興宗教の太平道が、大いに勢いを増した。その時、革命的に組織された信徒は数十万にも達したという。

「蒼天已死《そうてんすでにしす》　黄天当立《おうてんまさにたつべし》　歳は甲子にあり　天下大吉」をモットーにかれらはみな黄色の頭巾をかぶっていた。黄色は土徳の象徴であった。霊帝の中平元(一八四)年、乱は洛陽から青、徐、幽、荊、揚、予の各州に拡大して中国東半の村落を荒らしまわった。

まさにこの時をもって漢帝国は、崩壊への道を辿ることとなったわけである。

そのような中平年代における鉄刀が倭国へもたらされた理由はなんであろうか。

一つのわけは当然下賜品である。倭国の誰れかが、中平年間に朝貢をし、その際に下賜されたものであるという説である。

そしてこのことにより、当時の倭国においては、近畿地方に有力な政権（邪馬台国）があった証拠の一つとされている。

ところがこの鉄刀には不思議なことがある。まず、出土した古墳が、四世紀後半頃とみられ、製作年と百数十年の差がある。そのため伝世されていて、この時に埋納されたのだという解釈がとられている。

もう一つの不思議は、この鉄刀の頭についている飾りである。この頭部には、日本の家屋が装飾としてついているのである。中国のではない。同じ型の家屋の文様がやはり同じ時期の家屋文鏡にある。

このことについては特鋳（特注）説があり、特別に中国側に注文して日本の家屋をデザインして作ってもらったという。また、頭の部分は銅製であり、付け加えたとも考えられる。

そして同じように解釈されているものに三角縁神獣鏡《さんかくぶちしんじゅうきょう》と呼ばれる鏡がある。

三角縁神獣鏡とは、鏡の縁の部分の断面が突出していて三角形をなしており、内区に神と獣の模様が浮き出ている鏡である。材質は青銅である。

この鏡は主に前方後円墳の初期の頃のものに収められている鏡であり、柩のまわりに、ずらりと並べられている鏡である。

そして、この鏡は、邪馬台国畿内説を主張する人々にとって有力な物的証拠とされている。というのは、これらの鏡の中には景初三年とか正始元年とかの銘が刻まれているものがあり、それらの紀年が卑弥呼に係わる年号だからである。

よって、三角縁神獣鏡は卑弥呼が中国から貰った鏡（船載鏡《はくさい》）であるとし、それらが大量に出土する畿内に邪馬台国があったと主張している。

しかし、この中国から貰ったという説については、特に邪馬台国九州説の論者から、反対意見がだされている。つまり、これら三角縁神獣鏡は、国産であるというのである。

精力的に邪馬台国畿内説に反論を続ける、産能大学の安本美典氏は「邪馬台国畿内説を撃破する」として、その根拠の一つとされる「三角縁神獣鏡中国製説」を批判して、「三角縁神獣鏡はおもに四世紀の古墳時代に、江南の東晋の工人たち、またその指導をうけた人たちによって日本国内で製作されたものだ。」という。

中国製説への反論は次のようなものである。

① 中国本土から出土した例がない。（三角縁の鏡なら出土している。しかし三角縁で神獣の文様、つまり三角縁神獣鏡の出土はない。）

② 日本での出土は古墳時代の前方後円墳からみいだされる。その中でも竪穴式石室から出土の例が多い。竪穴式石室は前方後円墳でも初期のものである。（三世紀末から四世紀）

③　伝世説（昔貰ったものを代々伝えて、古墳時代になって墓に納めた）については、同じ弥生時代の後漢鏡のみが弥生墳墓に納められ、三角縁神獣鏡だけが伝世するのはおかしい。また、半世紀以上伝世されたのなら、摩滅が認められなければならないが、摩滅がみられない。

④　中国の一般の鏡より大型である。

中国では一般には手に持って顔を写した実用品である。

⑤　材料の銅が華中華南産であり、漢鏡の華北銅ではない。徐州は華中にもある。

三国時代の魏に卑弥呼は朝貢したのであり、そこの銅は華北銅であろう。

⑥　神獣等の文様は華中華南（呉）に多くみられ、北部は幾何学的文様（方格規矩《きく》鏡）が多い。

⑦　枚数が五百面以上に達し、卑弥呼が貰ったと記録されている百枚を大きく越えている。

＊これらに対する船載説側の反論は、特鋳（注）説であり、かつ何度かに渡って手に入れたとする。

中国の社会科学院考古研究所の王仲殊氏は次のように述べている。

「魏の境域内では、三角縁神獣鏡がもともと全く存在していなかったばかりか、各種の平縁神獣鏡すらも絶無に近かったのである。この事情からすれば、三角縁神獣鏡『特鋳説』つまり魏の工官（官営工場）が卑弥呼のためだけに特別にデザインした鏡を鋳造したとする説も成り立つまい。なぜなら、このばあいにしても、わざわざ呉の鏡を見本として採用したはずはないからである。」
「三国時代の銅鏡のうち三角縁神獣鏡と相似点があるものとしては、さまざまな平縁神獣鏡とともに、各種の画像鏡をあげることができる。そしてこれら画像鏡もまた、すべて長江流域の呉鏡である。なかんずく浙江省紹興あたり（往時の会稽郡）で出土したあまたの三角縁画像鏡は三角縁神獣鏡とすこぶる似ている。

つまり日本の三角縁神獣鏡は、中国のさまざまな平縁神獣鏡を参考にしたばかりか、中国の三角縁画像鏡をも見習って製作されていた、といえるのである。」（以上「日本の三角縁神獣鏡について」『三角縁神獣鏡のなぞ』全日空刊による）—季刊邪馬台国六十号）

また三角縁神獣鏡及び同時代鏡には、銘文がみられるが、その文が正しい中国語でない、銘文の法則を踏んでいないということである。文章が日本語文法によっているようなものもあるという。

森博達京都産業大学教授は、

「詩や銘は韻文であり、韻を踏むのが原則であり、韻律が備わっているという。一般の詩文に先立って鏡の銘文で『七言之紀』という韻律が創出されたという。

その目で『景初三年』鏡の銘文をみてみると悲惨であるという。

そして『魏の詩人が、この三角縁神獣鏡の銘文をみれば、押韻の意識すら持たない拙劣さをあざ笑うだろう。『朕はアホなり』と言うに等しい銘文である。親魏倭王のみならず、皇帝自身の権威にも傷がつく。こんな銘文をもつ鏡を特鋳して賜わるはずがない。三角縁神獣鏡魏朝特鋳説は幻想だ」（毎日新聞平成十二年九月十二日夕刊）という。

それでは、魏の年号がなぜ使われているのかという問題であるが、出土物に年号がはいっているからといって、それが正しい年号であるとはかぎらない。ラーメンの丼の底に「乾隆製」などの中国の年号が焼き付けられているのをみたことがある。「万暦」の号入りの磁器が廉く売られていたりする。それらは中国の有名な磁器の時代にあやかってつけられたものである。

以上のようなことから、私は三角縁神獣鏡は国産であるとみている。

そもそも三角縁神獣鏡は明鏡（葬式の時に使う又は副葬するための鏡）として作られたものであると考えられる。なぜならこの鏡は古墳、つまりお墓からのみ出土するからである。そしてそれは、棺を囲むようにして、光る方（表）を内に向けて並べてあるのである。鏡の縁が三角をしているのも、鏡をたてかける際に、安定させるために角をとった形にしたのである。平縁であると、たてかけた時、床との接点は「点」となりちょっと触れただけでも揺らいでしまい倒れやすい。角をとると接点は「線」になり、摩擦がぐっと増え、揺らぎにくくなる。

模様が神獣であるのは、当時の大和地方（前方後円墳発祥の地）では、華中華南の文化の影響があり、道教の神獣等の装飾を好んだものと思われる。

鏡の紀年銘があてにならないとすれば、中平年刀の紀年もまた同様である。

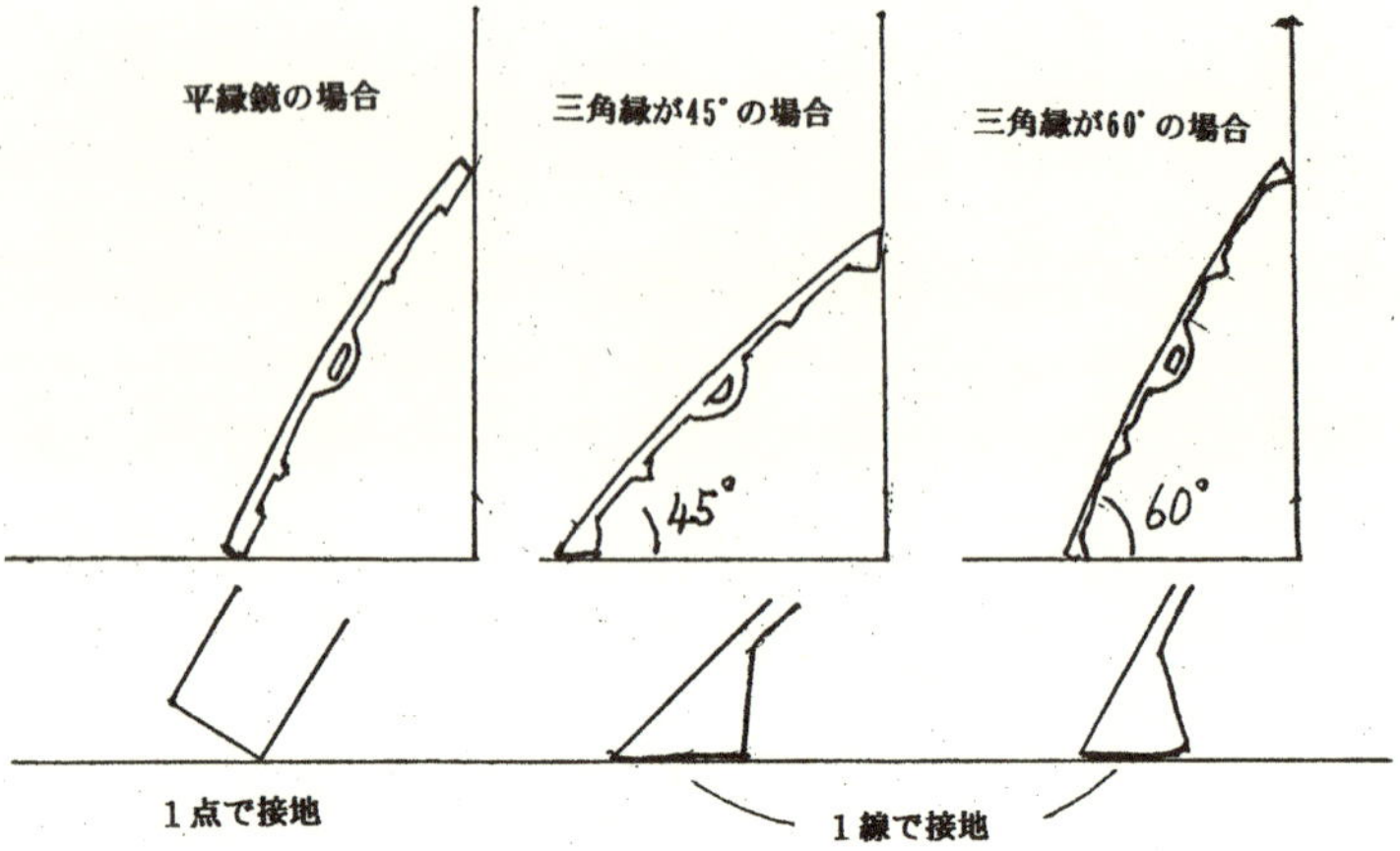

鏡は光るほうが表であり、表を上にして入れる

次に当時の銅鏡の紀年銘をみてみよう。

青竜三年（二三五）三面　景初三年（二三九）二面　景初四年（二四〇）二面

正始元年（二四〇）三面　赤烏元年（二三八）

赤烏七年（二四四）

元康□年（二九一～二九九）

このうち景初三年、景初四年、正始元年は邪馬台国関係の年号である。（但し景初四年という年号は存在しない）。とすると、鏡造りの工人はいったいこれらの情報をどこから入手したのだろうか。

やはりこれは書物をみながら、邪馬台国に関する年号を選びながら製造していったものであろう。問題はその書物である。三世紀か四世紀であろうから、年表をひっぱりだして調べてみると、

青竜三年は、魏の明帝の治世

景初三年は、倭の使いが魏に到着した年？　明帝

はいない。（一月一日に死去）
景初四年は、架空の年。明帝はいない。
正始元年は、倭の使いが帰国した年
赤烏元、七年は、卑弥呼時代の呉王朝の年号
元康年間には倭人伝の作者の陳寿が死んでいる。
中平年間には、黄巾の乱が起きている。
というわけで、いずれも由緒正しき年号であり、中平年以外は倭国関係の年が選ばれている。
このうち元康銘鏡は、年がとびはなれているので別物としておいて、ほかの銘鏡について考えていきたい。

前述のうち、最も新しいものは赤烏七年であるから、工人のみた資料はそれ以降にできたものである。二六〇年に魏書（王沈作）が完成し、二八〇年に魏略（魚拳《ぎょかん》作）が完成、また三国志（陳寿）は二八〇年～二九〇年に完成している。（正始銘については、□始となっているものもあり、泰始ではないかという説もある。泰始二年には、倭の女王〈台与《とよ》?〉が貢献したとある。）

近畿地方に書物が渡って来たとすれば、西晋統一後と考えるのがよいと思う。

まず、三国志の倭人伝であるが、この書は現存しているが、中平年、赤烏年のことは書かれていない。「魏書」は年代的に早すぎる。

「魏略」については、逸文や他書に引用されている分が残っており、それから「魏志倭人伝」と比較してみると、「魏志倭人伝」は、その内容をかなり引用していると思われる。そして引用するさい、「魏略」の分を省略したり書き換えたりしている。

つまり「魏志倭人伝」に載っていないことも随分書かれていたものと思われる。「魏書」も「魏略」も現在は残っていないのであるが、その巻中に「倭人伝」があったとみてよいだろう。そしてその中に、中平年の倭国に関する記録が載っていたものと思われる。おそらく光和年のことも。ただ、中平年のことも光和年のことも漢の時代のことであって、三国の時代のことではないのである。だから陳寿が省いたとしても不思議ではない。

つまり鏡造りの工人達は、魏志倭人伝のみならず、魏書も魏略もみながら、倭国関係の年号を鋳造していったのである。

〈景初四年については、実在説がある（出雲神話から荒神谷へ　原島礼二編　北村政男　六興出版）〉

もちろんかような捏造をやった背景には、三角縁神獣鏡は飾りものでしかないという認識があったからである。

中平年刀も同様である。四世紀の頃、中国の史料の中から、倭国に関する中平年の記事をみつけ、それを刀身に刻み込んだのである。

鉄刀の飾りも特鋳ではない。そもそもこのような下賜品は、中国製とわかるから価値があるのであって、和風の物であっては権威が減少してしまう。

よって中平年刀が国産であることは明白である。

それでは中平年の倭国関係の出来事とは、いったい何であろう。

先に卑弥呼の即位は光和年中のことであるとしたが、それではそれに続く中平年中におこったこととは、卑弥呼の、後漢朝への朝貢であったに違いない。

これで卑弥呼の即位年が光和年中（一七八～一八四）の間であることが確実であると思う。

即位後、卑弥呼はさして間をおかずに、中国へ使者をたてたものであろう。

これらのことから、私は卑弥呼の即位は光和年中の一八三年か一八四年とみる。

（「三国史記」の記事であるが、これは十二年ずれていると思う。一七三年ではなく一八五年のことであろう。そうすると即位は一八三年ぐらいとなる）。

卑弥呼が王位についた時、その即位式はどのような形でおこなわれたかは知れないが、金印奴国来の国を受け継ぐ王位継承者なのであるから、継承者としてその象徴となる物もまた受け継いだものであろう。

たとえば、天皇家では三種の神器を受け継ぐのはご存じのことと思う。

邪馬壱国（金印奴国）でも同様であったろう。

しかし、卑弥呼、つまり邪馬壱国王が継承するものには、他の国にはないある特別な物があった。それは「漢委奴国王」の金印である。

倭国が中国から授与された印璽は、その国王の身分をあらわすものであり、代々の王が伝世し所持するものである。

「漢委奴国王」印は建武中元二年（AD五七年）金印奴国王が後漢の光武帝より授与されたものである。

また、倭国の代表国は委奴国（金印奴国）、邪馬壱国、邪馬台国と国名は変化していっても同一国家であるから、この金印は邪馬壱国の時代まで代々通用するものであった。つまり、この金印は、建武中元二年の時の倭国王から卑弥呼の即位の時まで、代々受け継がれていなければならないものである。

しかるに皆さんご存じのように、この金印は、江戸時代に博多湾の志賀島の叶《かな》の崎の波打ち際といってもいいような所で発見されたのである。発見の情況から、墳墓ではなく祭祀の施設でもない。誰かが一時的に隠しておいたものであると判断できた。

そもそも金印は倭国の首都の宮殿等に安置されていた筈である。そしてそこは吉野ケ里であった筈である。そこからどのような事情で博多湾の孤島に辿りついたのであろうか。

金印奴国（委奴国、邪馬壱国）では、中興の王の死後、会議が開かれ新王を選出しようとしたが失敗、内乱へと発展していったと考えられるが、王都である吉野ケ里には、自称倭国王が居たものと思われる。それは、一五八年に新羅に礼物を献じた王であったろう。（前著で、当時の王は延烏郎という人物かと書いたが、別人のようである）。

やがて、吉野ケ里に座す王に対して、別の勢力が攻撃をかけてきた。

おそらく、吉野ケ里は陥落したであろう。

そのとき、自称倭国王かその近親者は、都から金印をもちだして志賀島まで逃避してきたものと考えられる。

しかし、彼が逃避した先の志賀島の支配者が庇護してくれるかわからないため、金印を隠匿したのである。志賀島の支配者の前に現われた倭王（？）はどのような運命をたどることになったかは知れないが、再び王位に着くことはなかった。

（前著において、金印「漢委奴国王」の紛失は、壱与《いよ》〈台与《とよ》とする書もある。倭人伝に邪馬壱とあるのは邪馬台《たい》の間違いであるから、壱与も台与の間違いとする。読みは、ヤマタイであるからタイヨとすべきであるが、これはトヨと読むことになっている。それは邪馬台はヤマトであるという考えからきている。もちろんタイヨとする人もいる。〉の時代としたが、ここに倭国大乱の頃と訂正したい。金印については、大庭脩氏の「卑弥呼は大和に眠るか　一九九九年　文英堂」に次のようにある。「印綬についてもう一つ述べておく必要があると思うのは、親魏倭王の印綬が出土した所が卑弥呼の墓であろうという考え方についてである。しかし、私は親魏倭王の印綬は日本列島からは出ないと思っている。それは紀元二六六年晋の泰始二年に、倭の女王が晋に至ったという『日本書紀』神功皇后紀六十六年の注に引く『晋起居注』《しんききょちゅう》の記事は、晋王朝が前年に成立したことに対する賀使であろうと考えるので、この時『親魏倭王』《しんぎわおう》の印綬を戻し、『親晋倭王』《しんしんわおう》の印綬を受けたと考えるべきである。それが冊封《さくほう》体制下の国際ルールである。」とある。このルールからすると、卑弥呼の即位時には「漢委奴国王」の金印はなかったと考えられる)。

結局は、卑弥呼が即位した時には金印は失われていたことは確実である。

卑弥呼は、倭国王として対外的にも顕示する大事な金印のないままに即位することとなったのである。

中平年、卑弥呼は後漢に朝貢したと論じたが、その時の上表文には「漢委奴国王」の印影はなかったのである。後漢書にこの時の記事が載っていないのは、この事情によるものであろうか。即位した卑弥呼は、都の吉野ケ里にすむこととなった。その邸宅は堀と塀に囲まれ、兵士が監視し、まるで幽閉されているようである。卑弥呼は約四十年間ここに住み続けた。

その威厳はまさに犯さざるべきものであり、諸国はみな彼女に畏服したのであるが、その支配地域は北部九州のみとなり、中、南九州すらその領域外となり、狗奴一国にすらてこずるようになっていた。金印奴国の旧領の回復を再び図ることはなかったであろう。

倭国大乱の痛手は、思いの外大きかったのかもしれない。

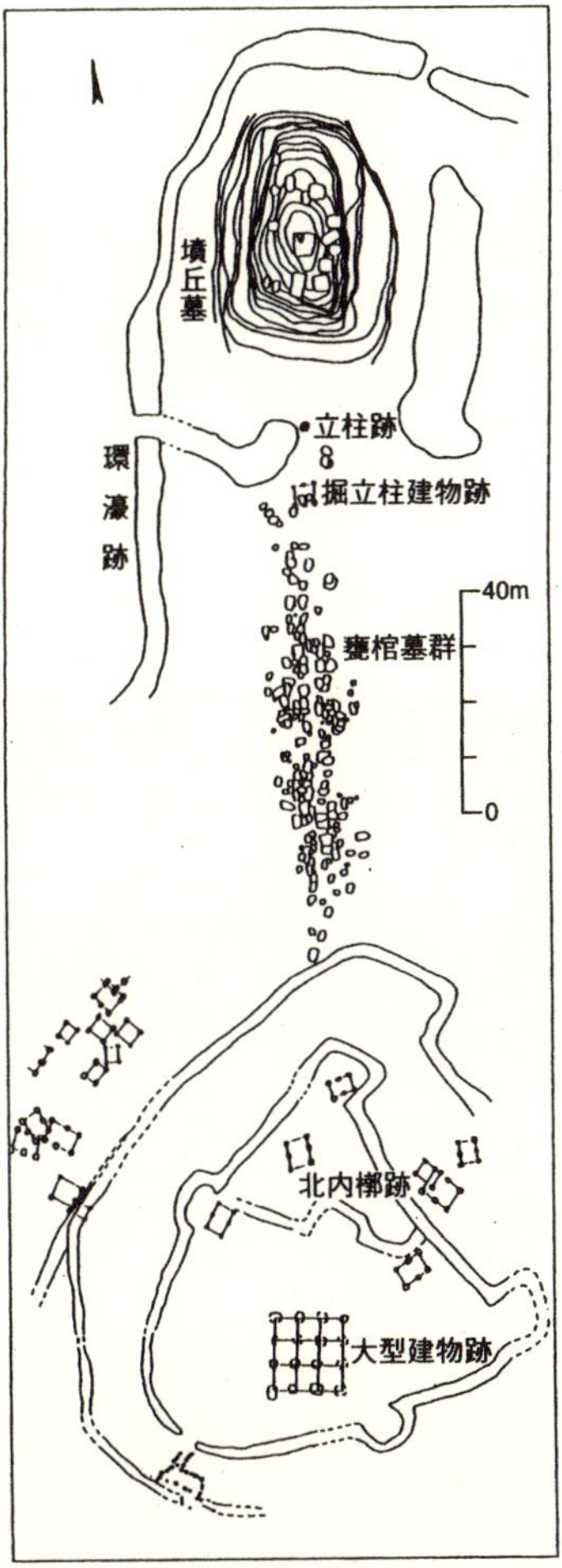

吉野ヶ里遺跡の墳丘墓と関連遺構
七田忠昭「吉野ヶ里遺跡の環濠集落と大型建物」
『第37回埋蔵文化財研究集会資料』(1997) より

卑弥呼の出自

当時の社会構成から考えるならば、彼女は邪馬壱国関係の王族や貴族、つまり倭人伝でいうところの大人《たいじん》の階層であることに間違いはないであろう。

昔ほど、家柄の善し悪しが重視され（世界共通らしい）、大人のような上層階級と下戸《げこ》のような一般階級とでは、歴然とした差があり、卑しい身分から王位につくことなど決してありえないのである。邪馬壱国の支配階級の出身は大陸にある。つまり弥生人であり、土着の縄文人ではないのである。

紀元前三百年頃、弥生人は大陸から半島を通り、または半島から九州へ渡って来たところの渡来人であるという。

弥生人と縄文人は、顔の形でも識別できるほどであり、異なる種族とみられている。そして弥生人の細面が高貴な顔とされていた。

しかも容貌だけではない。弥生人は政治力組織力に優れ、軍事面や戦闘においても縄文人を凌駕していた。

その弥生人のことを倭人とも呼ぶ。そして邪馬壱国人は倭人である。よって弥生人＝倭人＝邪馬壱国人という等式が成り立つ。

但し私は、右の等号関係は大きくは等号であるが、細かいところでみると、かならずしも等号とはいえないと考えている。

話が脇へそれてしまいそうなので元に戻すが、卑弥呼は弥生人であり倭国内の統治国邪馬壱国人の中でも、高貴な大人の出自であることは間違いない。

奈良県のホケノヤマ古墳の発掘の時、その古墳が卑弥呼の父王の墓だとか一族の墓ではとか主張した人もいたようであるが、卑弥呼が高貴な一族の出自であることは間違いないとみてよい。ただ卑弥呼の父が王であったとは、どのような資料に基づいているのだろうか。

但し彼女は女性であり、もともとは王位継承の資格はなかったのである。

その女性である卑弥呼が共立され王位につくことになったのはどういう事情だったのであろうか。

卑弥呼の鬼道

その一つは鬼道にあったという。

倭人伝には、卑弥呼は、「鬼道に事《つか》え、能《よ》く衆を惑わす。」とある。鬼道とは、神や霊などの超常現象を用いることであり、それらをあやつることができるのは、超能力者でもある。

ただ儒教国家中国では、孔子が鬼道に惑わされてはいけないとしたことから、好感はもたれてはいないが、大衆の間では根強い人気がある。

ただ倭国で魏使のみた(?)鬼道と、中国での鬼道が同じものであったかどうかは定かではない。

神や霊に畏服する人は、それらを祭る巫女や祈祷者にも当然畏服するのであるから、彼らは人々から畏敬の念をもってみられたのである。

その中には、神や霊を操り、奇跡をおこしたり、予言できるものもいたであろう。その結果人々が驚き惑わされることとなったものであろう。

テレビ等の卑弥呼の鬼道のシーンでは、共通したように、卑弥呼は「ウーウーアーアー」とうめき声を発して喚いている光景を演じている。実際のところ、当時の鬼道のときの呪文等は知られていないのであるから、喚くだけのシーンとならざるをえないのであるが。

鬼道とは、神を祭ることでもあるので、必ずといっていいほど祈祷の対象として神があるので卑弥呼も祭壇を設けて神を祭り、その前で祈祷を行ったものと思われる。このように卑弥呼の行った鬼道とは、現代ではどのような形で残っているであろうか。

私はこれまで古代史の研究を続けて来たのであるが、現代は古代からの続きであって、古代のことが現代まったく消失してしまっているとは限らないということに気がついた。

確かに科学は進歩し、物質文明はまったく変化してしまったようなのであるが、人々の生活習慣とか、考えや行動は、特に無意識の内に行われることは、意外と変化していないことがみられる。そうした目で社会をみていくと、民俗の中に残っている慣習や習慣の中に、その残像をみつけだすことができる。特に、神社や寺の行事や祭祀の中にのこっていると思われる。

おそらく卑弥呼は霊能者であり、神がかりすることによって様々な御託宣等をおこなうことにより人々の信頼を集めていたものであろうと推察する。宗教家のように、人の道や神の愛を説いたりということはなかったと思う。あくまでも現世御利益であった。

私の郷里の青森では「イタコ」や「カミサマ」という業を営んでいる人達がいる。「イタコ」とは盲目の女性で、呪文を唱え、死者をあの世から呼び寄せ、イタコを通して死者が語るのである。しかし彼女らは霊能者ではなく、修業によってこの技を身につけたものである。その呪文等は仏教系であるが、そもそもこれらが仏教に関連しているのがおかしい。仏教では死者は生まれ変わるのであって、あの世から呼び寄せられるものではない。これらはもともと日本の風俗なのであって、それが仏教の伝来によって変革させられたものなのである。神仏混淆ということになって仏教の中に呑み込まれてしまったのである。

そもそも「イタコ」とは、アイヌ語の「イタグ（言葉）」モンゴル語の「イタガン」琉球語の「ユタ」日本語の「ウタ」に通じるもので、言葉に関連した意味を持つ。つまり言葉を伝えるものを「イタコ」と呼ぶようになったのである。

一方「カミサマ」とは、日本古来の神様のことであり、キリスト教等の神のことではない。いわゆる神霊をもって依頼者の相談にのる業をする人で、ある程度の予言もできる。

このカミサマは、生れ乍らの霊能者であって、修業によって祈祷の形を身につけている。

人々は、このカミサマの所へ行って、生活においての悩み等、様々なことについて神様に聞いて、その原因と対策を尋ねるのである。そして頼みごとがよく的中するカミサマのことを世間では、あそこのカミサマはよく当たると評判がよいのである。

私が青森にいた頃、一、二度カミサマを訪れ、その祈祷の場面をみたことがあった。

普通の家の普通の座敷に祭壇があり、供え物がたくさん置かれ、正面にご神体（仏像？）があり、その前でろうそくに灯をともし、数珠を手に巻き、そばにある太鼓をドンツクドンツクと速いテンポで討ち鳴らしながら、お経や呪文を唱えていく。ことばにはリズム感があり、その合間にひとしきり大きくリズミカルに太鼓を打ち鳴らしながら呪文を唱えていくさまは、一つの音楽ともいえた。

それが終わったあと、静かに「これこれこういうことがでました。」と言って、客の質問や頼みごとにこたえており、いろいろな指示をしたりしていた。

テレビでみるように、霊能者がバッタリ倒れたり、身悶えしてうめきながら話すということは決してなかった。おそらく卑弥呼もこのような方法で鬼道とやらを行っていたのであろう。

古今極東アジアでは、シャーマンも含め楽器を鳴らしながら呪文を唱え神がかりする人がおり、神功皇后のときも、琴を鳴らし神がかったという。

古代においても、人間の悩みは同じようなものであろう。そういう人々に神のおつげを伝えたりすることにより、卑弥呼は人々の信望を集めていたと思われる。

おそらく人々は、神懸かっているというだけでおそれうやまい、かしこまったものであろう。

後の四世紀初頭頃、大和地方において「崇神天皇の姑倭迹迹日百襲姫命《おばやまとととひももそひめのみこと》は聡明で、よく物事を予知された。」という。

姫命が箸で陰部を突いて死んだ時に墓を造ったが（箸墓《はしはか》）、昼は人が造り、夜は神が造った。大坂山の石を運んで造った。山から墓に至るまで、人民が連なって手渡しにして運んだという。

この墓の造りかたをみると、人民はただ駆りだされて石を運んだとは思えない。尊敬する姫命のために、自発的に勤労に従事したと思われる。夜は神が造ったとは賎民が造ったのであろう。

おそらくこの作業に従事した人々のほとんどは、姫命と話を交わしたことはないだろうし、姿をみたこともない人も多かったと思われる。それでもこれほどの人気を集めたのである。

卑弥呼も同様の崇拝と尊敬を受けていたものとみて、間違いはないと思う。

また一方では、中国の道教の影響を受けているとする説もある。このことについては後述したい。

次に卑弥呼が女性であったことにある。

それまでの王の候補者は、全て男性だったと考えられる。そのために、王位をめぐる争いの収拾がつかなくなったと考えられた。個々の欲望や面子、立場等さまざまの要因があり、引くことができなかったのであろう。そこで、女性なら男程の事情はないと思われたのかも知れない。

勿論どんな女性でも構わないわけではない。人々の信頼があり、二度とこのような争いがおこらないような女性として選ばれたのである。

卑弥呼は正しくは「ヒミカ」と読むということは、前著で論証した。卑弥呼は称号である。ヒミカとは、美しいとかすばらしいという意味をもつから、そのような称号をもつ女性がおかちめんこであるはずはない、と筆者は思っている。他の多くの方々も同様に、美人であると思われていると思う。

もちろんかなりの長期間存命だったので、晩年はそれ相応であったと思われるが、若い頃は美人であったろう。一目みて思わずのけぞってしまうようなご尊顔ではなかったと思う。

王位につく前は、人々の面前にでていたと思われる。生れつき霊能力があり、神を祭る女性は結婚しないか神と結婚するようであるから、倭人伝にも「夫婿《ふせい》なく」と書かれ、生涯独身であった。

卑弥呼は何処にいたのか

卑弥呼は共立されたとある。

つまり相争っていた人達全てから支持されて、合意の上で王位についたというわけである。

大乱の続く内に、初めのころの当事者の多くは、戦死や病死、暗殺等により命を失い、王位継承を認じる人も代わっていったものと思われる。かくして時が立つほど正当なる王位継承者は薄れていったものであろう。そして、おそらく何度目かの会議が開かれた時、話題にのぼったのが卑弥呼であった。男を王にしようとするから収拾がつかないのだ。女ならよいのではないかと。

卑弥呼の即位後、当然戦乱はおさまり、平和な時代が到来したのである。


卑弥呼は王となるや、都の吉野ケ里に住むこととなった。

環壕の内側の北部、北墳丘墓の南に新たに環壕をめぐらし（北内郭）、邸閣を造り柵を設け守衛を置いたという。そしてそれまでと違うことは、もはや人前に姿を現すことは少なくなり、会う人も限られていたという。

「男弟あり、佐《たす》けて国を治《おさ》む、王となりしより以来、見るある者少なく……ただ男子一人あり、飲食を給し、辞を伝え、居処に出入す。」とある。

吉野ケ里には、卑弥呼のお住まいになった宮殿が復元され、その威容を誇っている。

この卑弥呼が住んだ北内郭と、卑弥呼の鬼道との関係について、毎日新聞の日曜版に楠戸義昭

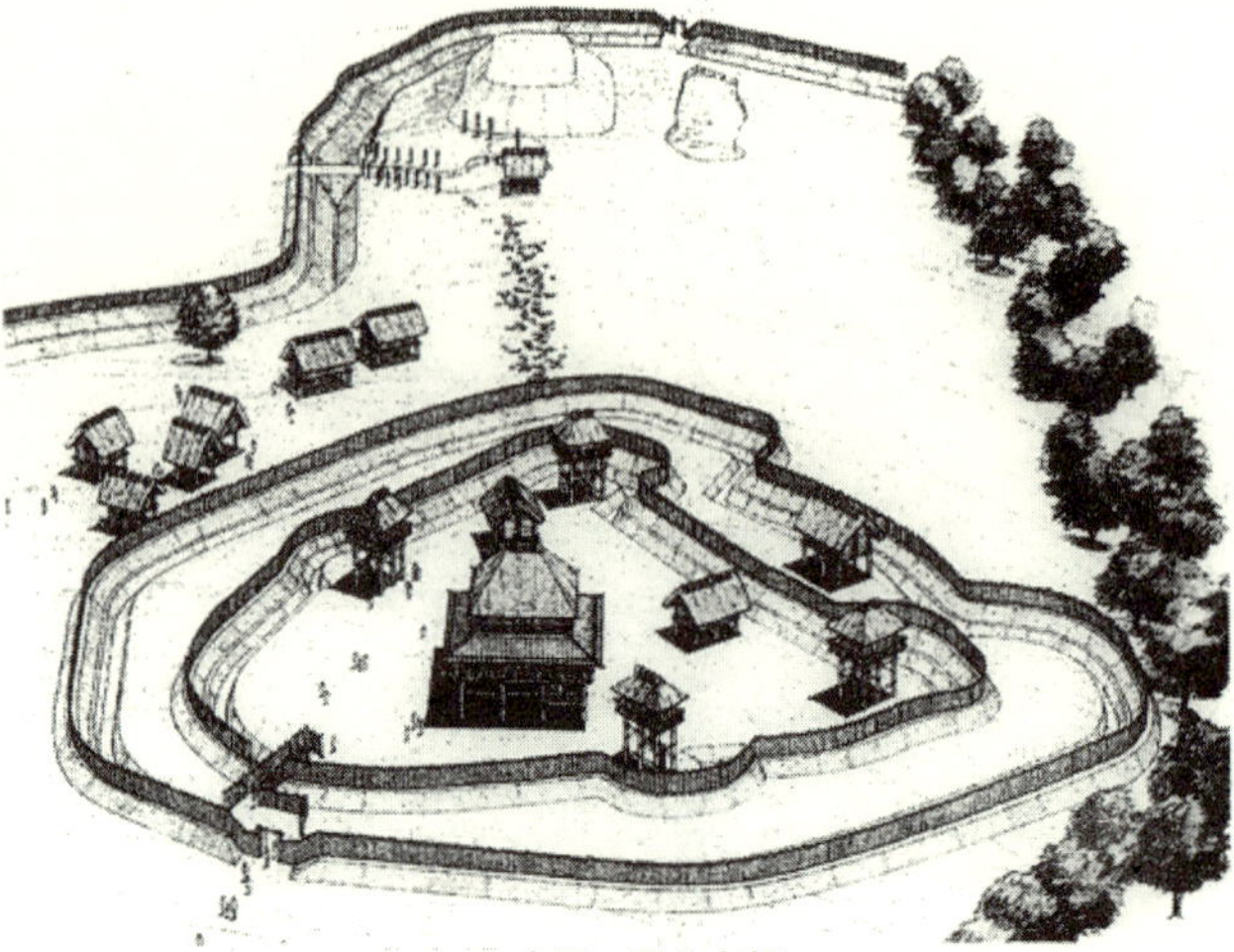

吉野ヶ里北内郭
（弥生時代後期）　建設省『建物等復元検討調査報告書』より引用

氏が「女と神の古代―シャーマン」の中で「この発掘を指揮し、現在は佐賀県教育庁次長である高島忠平さんは、発掘の成果をもとに、吉野ケ里にかつて生きた弥生人の日常、また精神世界を豊かな想像力を加味して、見事なストーリーをもって組み立てる。その高島さんにより掛かりながら、『吉野ケ里遺跡』を見てみよう。」として吉野ケ里の北内郭と鬼道について書いている。

『このほぼ南北に走る聖なるラインと共に太陽の運行とかかわるラインもまた、重要な聖線である。

太陽のこのラインは夏至の日の出と冬至の日の入り、つまり太陽が最も勢いのある朝と、太陽が最も衰え、徐々に再生していく原点となる冬至の夕べの地点を結んでいる。

まさにそこに居住するシャーマンが太陽の巫女（ヒのミコ）でもあるかのようにして北内郭はある。

厳重な二十の環濠に囲まれた北内郭は、アニメの「オバQ」と同じ形をしている。頭を冬至の日没、お尻を夏至の日の出の方向に向け、南北に走る聖なるラインにその中心がのっかっているのである。』

『吉野ケ里の環濠集落を二つの聖なるラインが貫く。一つは祖霊への信仰からうまれたものでほぼ南北に走る集落の中軸線だった。他方は太陽の運航にかかわる線である。その二つのラインの交わる所に北内郭の中心がある。

南北70メートル、東西50メートルの規模の北内郭には女シャーマン（女王）がいた。』

『一方の北内郭は掘っ立て柱の建物で構成されており、北内郭の方が建物でも南内郭より優位にある。

「北上位・南下位」のこの吉野ケ里の思想は、環濠集落全体に反映される。北に祭祀的性格の強いものを配し、南に統治組織の南内郭だけでなく、ムラを取り込むなど世俗的、生活的なものを置く。これはまさに中国の礼制における「坐北朝南」の考えによるものである。

佐賀県教育庁次長の高島忠平さんによれば、これは後漢の時代の思想だという。前漢の時代には、西に天子の館を置き、東に臣下の建物を配した。それが後漢では北に天子、南に臣下の家屋を配した。この天子南面の思想が、驚いたことに、1世紀に始まる吉野ケ里の内郭建設に、つよく反映されていたのだ。

それだけではない。北内郭はまさに中国の影響をもろに受けて造営された。『弥生後期の吉野ケ里で、最も重要で神聖な一角は「オバQ」の形をした北内郭である。この北内郭（南北70m×東西50m）は非常に閉鎖的にできていた。

二重に空堀がめぐり、両方に土塁と柵が施され、入り口は西南隅に一ヶ所しかない。しかも道は中世城郭のように鍵の手（L字型）に曲がって土橋でつながり、内部はまったくみえないようになっている。

この北内郭から平成5年度の調査で、12・5m四方で16本の柱、その柱も1本が40～50センチもある太い柱跡がみつかったのだ。それは祭殿で、二重三層の楼観風の偉容を誇り、まるで天守閣のようだった。

この祭殿は太陽の運行にかかわる聖なるラインからはわずかに外れているが、南北に走るラインの中心に立っていた。

この祭壇の構造や用途が討議された結果、佐賀県教育庁次長の高島忠平さんは、高床の建物で1階は吹き通しで、2階、3階はそれぞれ異なる機能を持っていたと推察したという。

2階は共同体として重要な案件を決定する支配者層の政治的集会の場であり、祭りの際は神事

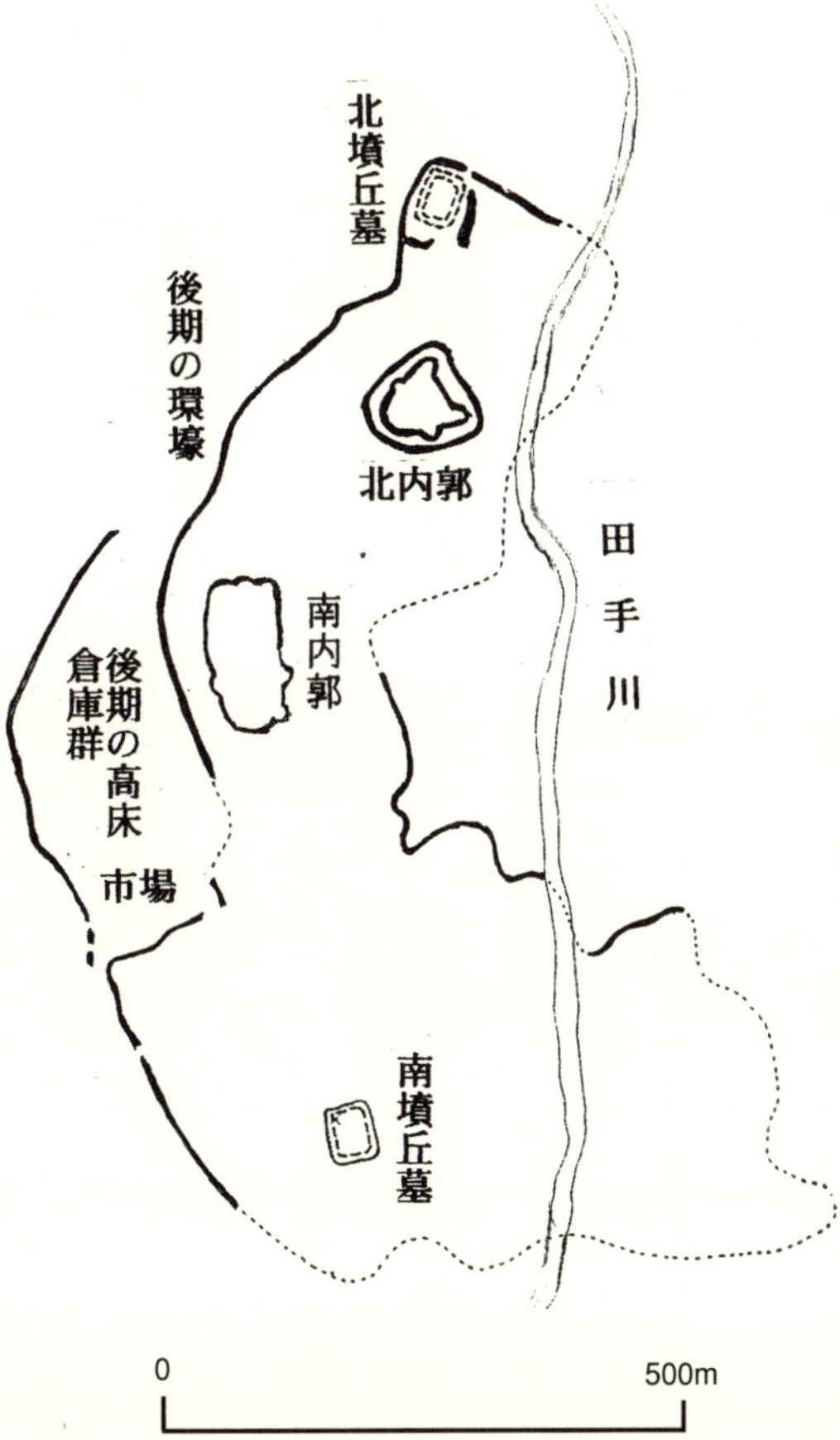

卑弥呼時代の吉野ヶ里
吉野ヶ里遺跡全体図（武末作図）を改作

を終えた後に神酒や神饌《しんせん》を降ろしていただく酒宴の会場、つまり直会《なおらい》の場と考えた。
一方の3階は新嘗祭《にいなめさい》・大嘗祭《だいじょうさい》的なことをやる場所。祖霊のための祭壇が設けられ、祖霊に豊饒を祈るため、新穀がささげられた。特に建物の一番高い部分、この祭殿では3階の天井裏は、中国から伝わった思想により、天上界と地上界の境界とみなされた。現在でも神社や天守閣などでは、屋根裏を神聖な場所とみなしている。（中略）
そしてこの3階こそ、男子禁制、吉野ケ里の女王・女シャーマンが神と交信する場であり、神がかりし、祖霊の託宣をさずかる最重要な場所だったのだ。（中略）
北内郭からはさらに四つの物見櫓跡がでた。この櫓は戦いのためのものではなく、四方を祭る祭祀的なものとみられる。また潔斎したり、祭りの道具を置いたとみられる斎堂も確認された。高床式住居が1棟みつかった。ここに吉野ケ里の女王・女シャーマンが住んでいたとみなされた。そしてこのすぐそばに、北内郭ではただ一つ、竪穴住居が検出された。おそらく女王に仕えた者が寝起きしていたと思われる。』
『吉野ケ里の環濠集落は中国の最新の情報を取り入れ、応用した弥生の〝最新都市〟であった。吉野ケ里の北内郭は、中国の皇帝が先祖を祭る重要な施設である「明堂」の考えを取り入れているともいわれる。

明堂は丸形の垣に囲まれた中に、東西南北四つの門を設け、隅々に望楼と屋舎をつけた内垣を方形に巡らして、中央に高い基壇を築き、三層の建物（明堂）を建てたものだった。

二重の丸みをもった濠に囲まれた北内郭の四隅に物見櫓を配して、威風堂々として建つ楼観風二層三階の建物はこの明堂を思い描かせる。

二つの聖なるラインのもと、祖霊を祭り、さらに太陽を拝し、農耕上重要な暦を支配する。これは古代中国において天子が一連の最高神を祭る儀礼であり、天子の権威・権力の誇示と深く結びついた祭祀であった。これを「天祭」といった。その中国の最高指導者に倣って、吉野ケ里の女王の日々はあった。』

卑弥呼の鬼道と北内郭の役割りが実に綿密にかかれていて、よくおわかりになったものと思われます。しかし高島忠平氏（佐賀女子短期大学教授）は、吉野ケ里の北内郭に女シャーマンがいたことを看破したが、彼女が卑弥呼であったことについぞ気づかなかった。

九州の探査旅行をはじめて十年になり、幾度となく吉野ケ里を訪れたが、まさかここに卑弥呼の宮殿があったとは思わなかった。ようやく気がついたのは、一九九八年のことであった。

一九八九年に吉野ケ里ブームが起こったが、その時には北内郭はまだ発見されていなかった。一九九一年に初めて吉野ケ里を訪れた時、その辺りが丁度発掘の最中であった。当時は北墳丘墓に鞘堂がたてられ、赤土が全般に剥出しになっており、発掘現場という雰囲気があった。観光客も多く、大ブームから二年が経過するが、すでに九州を代表する観光地となっていた。

北内郭に九年間も気がつかなかったのは、倭人伝にいう邪馬台国は小城・三日月にあったことにある。卑弥呼は初めから小城・三日月の地に都を構えたと思いこんでいた。また北内郭については、あまり騒がれなかったことや、その年代が二百五十年頃と思ったからである。一八〇年代に、吉野ヶ里から小城・三日月に遷都したのに、二百五十年頃再び吉野ケ里に大きな勢力があったことは困ったことであったし、そのためこの件については頬っかむりをしようと思っていたが事態は思わぬ方へと進んだ。それは池上曽根遺跡の柱根出土であった。

つまり、池上曽根遺跡の年輪年代により、北内郭の存在年代が一五〇年～二五〇年となり（考古年代は二十～三十年のぶれがある）卑弥呼の時代へと繰りあがってきたのである。

まさに卑弥呼はそこに住んでいたのである。

エピローグ

銅鐸出土地の調査を終えて、歴史公園に向かう途中、公園予定地の水田は既に耕作を止めており、一面に春の野草が生い茂り花々が咲き誇っていた。すずめのてっぽう・すずめのかたびら・からすのえんどう・いたどり・すみれ・たんぽぽ・さぎごけ・むらさきけまん・れんげそう。れんげそうを除けば、故郷の青森の田圃と同じ植物であった。おそらく日本全国の田圃の植生はほとんど変わりないであろう。

田手川沿いに南に歩いていくと、やがて右手の丘の上に新築されたばかりの吉野ケ里の北内郭の建物群がみえてきた。巨大な宮殿がそびえたつ光景をみる時、当時もこのような情景であったならば、それは倭国の人々を畏敬させるのには十分な構えであった。

ここに女王卑弥呼は、約半世紀の間、邪馬壱国の女王として君臨した。

吉野ケ里ブームの当初は、卑弥呼はここに居たのではといわれたが、やがてそれはごく少数意見となってしまった。

かくいう私も、当初は否定していたが、研究を進めていくうちに、ここが邪馬壱国の都であったことを確信するに到った。

一世紀から三世紀にかけて、倭国は金印奴国（後の邪馬壱国及び邪馬台国）の盛衰に翻弄され続けたといってよい。

そうした中で、大国主命の悲劇があり、倭面土国の滅亡があった。

そうした悲劇の一方で、金印奴国内においても凄惨な戦いの時代があった。その戦いに飽いた時、卑弥呼という鬼道を行う女性が共立され、再び金印奴国はその威力を取り戻すことになるかと思われたが、他国への威力は大きく減退し、その支配は倭国統一どころか、狗奴国一国にすらてこずるようになっていた。

かつて卑弥呼女王を「落日の女王」と評した方がおられたが、まさにこれは当時の卑弥呼治下の邪馬壱国の状況を的確にとらえた言葉であった。

歴史公園の入口には、歴史公園センターの近代的な立派な建物が建てられ、公園内も綺麗に整備され、多くの人々で賑わっていた。

公園の入口で、マスコットのぬいぐるみの「ヒミカ」様が出迎えていた。

「ヒミカ」というネームは、東脊振村の「ヒ」と三田川町の「ミ」と神崎町の「カ」の頭文字を組み合わせて「ヒミカ」としたという。卑弥呼は「ヒミカ」と読むのが正しいという説とは無関係とのことである。

公園内は邪馬台国時代の倭国を想定した構成となっており、北内郭建物の中には、当時の政治の様子が人形で再現されていたが、卑弥呼の都ではないという考えで構成されているようである。

北内郭の中は、新築の木の香りでいっぱいであった。

巨大な建物をみあげて、思わず「フーッ」とため息が出た。

卑弥呼は即位するや、邪馬壱国の都、吉野ケ里の北内郭に威容を誇る建物を造り、その中に閉じ篭もり、人前に姿を現わすことも少なく、厳重な警戒のもとにおかれていた。再現された入り口は、板塀でびっしりと囲まれ、かつ曲がりくねった道であった。

かくも厳重な宮殿に閉じ篭もることとなったのは、逆にこのような方法でなければ、威厳が保てなかったとも考えられるのだろうか。

中国の史書に華々しく登場することから、卑弥呼は邪馬台（壱）国の絶頂期の女王であると思われがちであるが、実態は、衰退期に入っていたといってよい状態なのであった。

しかし、北部九州での勢力圏においては、卑弥呼の権威は絶対であった。一方、邪馬台国が卑弥呼の下で安定した時代を過ごしている間に、倭国の東方では、新興勢力が次第にその地盤を固め、急速に膨張を始めつつあった。

それらの事情は「記紀」に記されているのであるが、これらは創作であるとされ省みられなかった。しかし、果たしてそれらの物語は、全て虚構なのであろうか。

プロローグでものべたように、私はこれらの物語が全くの虚構であるとは考えない。

これらの物語の中には、その根底となる事象がひそんでいるものと考えている。研究を進めていくうちに、近年の考古学や文献学や諸々の学問による発見や発達から「記紀」の世界が全くの虚構とは考えられないと思えてきた。

この研究を始めてからでも、考古学において重要な発見が相次ぎ、その度に、古代史研究も新しい方向に進んでいき、不明だった事象が次々と明らかになり、それらが更に既知の事象とつながりからみあって広がっていき、古代の実像を次第に浮かびあがらせてきた。

かつて「考古栄えて記紀滅ぶ」といわれたが、考古学の発展とともに、再び「記紀」に光があてられそうなのである。

そして「記紀」にみられる大和の勢力が、九州にその姿を現わしたとき、日本の歴史はここにまた大きな転換期を迎えることとなった。

金印奴国の時代は終わり、大和朝廷の時代へとなったのである。

終

主な参考文献

千家尊統　「出雲大社」　学生社
三宅博士　田中義昭　「日本の古代遺跡を掘る。3　荒神谷遺跡」　読売新聞社
倉野憲司校注　「古事記」　岩波文庫
宇治谷孟　「日本書紀（全現代語訳）」　講談社学術文庫
加藤義成校注　「出雲国風土記」　報光社
安達　巌　「出雲王朝は実在した」　新泉社
上田正昭編　「出雲の神々」　筑摩書房
大庭　脩編著　「卑弥呼は大和に眠るか」　文英堂
小田富士雄　「倭人伝の国々」　学生社
熊野大社崇敬会　「熊野大社」
倉橋秀夫　「卑弥呼のなぞ・年輪の証言」　講談社
ザ出雲研究会編　「出雲国風土記」　ザ出雲研究会
澤田洋太郎　「出雲神話の謎を解く」　新泉社
島根県古代文化センター編　「荒神谷遺跡と青銅器」　同朋舎出版

高木彬光　「邪馬台国の秘密」　角川文庫
辻　直樹　「上古の難題」　毎日新聞社
寺沢　薫　「日本の歴史02巻　王権誕生」　講談社
鳥越憲三郎　「弥生の王国」　中公新書
朴　炳植　「日本語の悲劇」　情報センター出版局
林　英樹訳　「三国史記」　三一書房
林　英樹訳　「三国遺事」　三一書房
原島礼二編　「出雲神話から荒神谷へ」　六興出版
藤田大拙　「銅剣358本銅鐸6個銅矛16本の謎にせまる」　島根県簸川郡斐川町
古田武彦　「『邪馬台国』はなかった」　朝日新聞社
古田武彦　「失われた九州王朝」　朝日新聞社
古田武彦　「盗まれた神話」　朝日新聞社
水野　祐　「古代の出雲」　吉川弘文館
安本美典　「衝撃の古代出雲」　産能大学出版部
安本美典　「新考　邪馬台国への道」　筑摩書房
安本美典　「『邪馬台国畿内説』を撃破する。」　宝島社新書

吉田　修　「邪馬台国の終焉と復活」　講談社
東アジアの古代文化92号　大和書房
季刊　邪馬台国　58号　60号　62号　68号　梓書院
魏志倭人伝他三編　岩波文庫

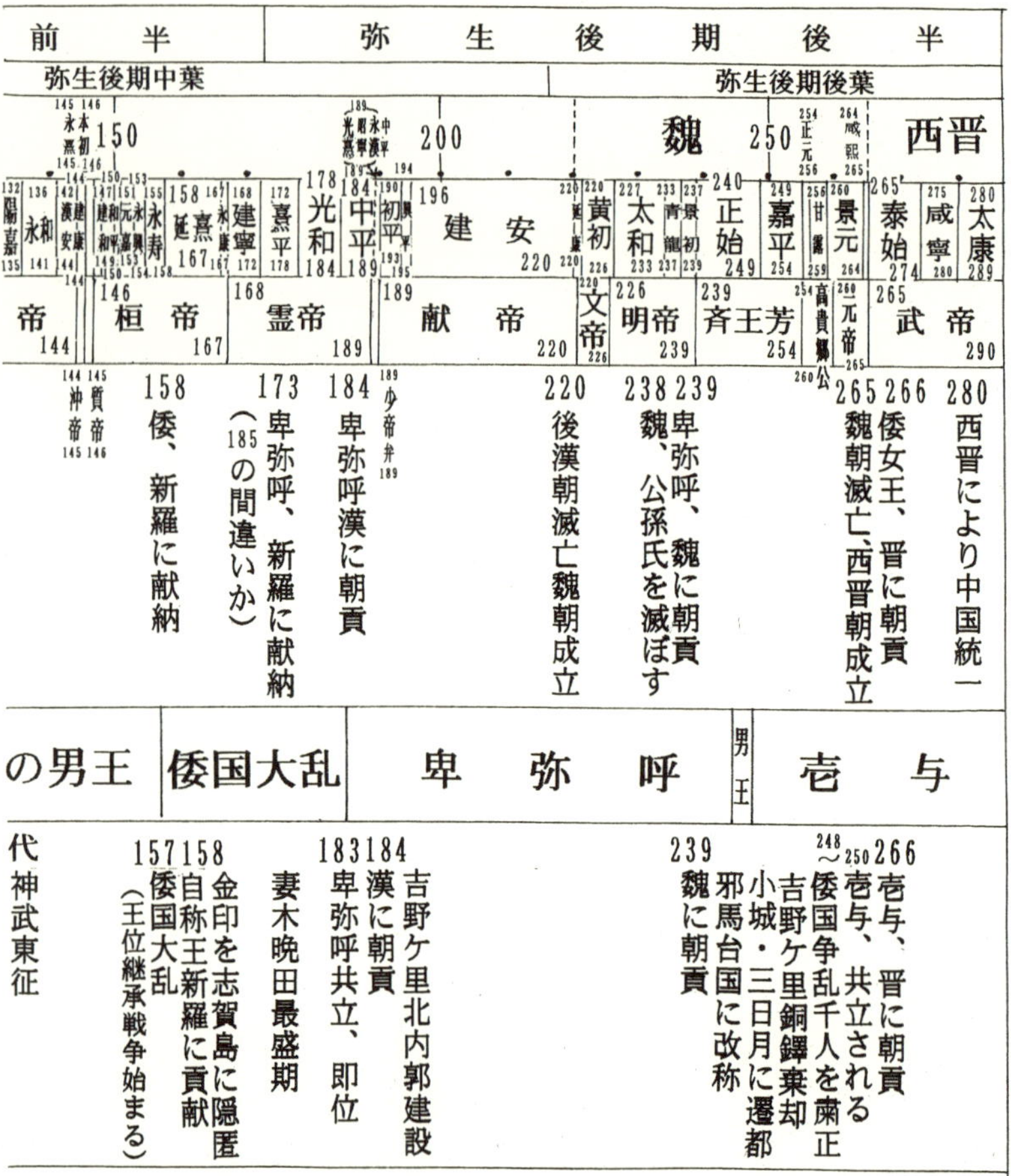

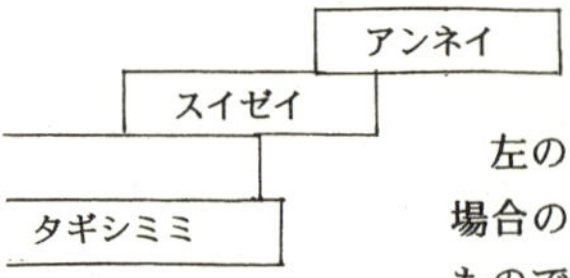

左の表は、AD40年に「天孫降臨」があったと想定した場合の「記紀」の登場人物の推定生存年を棒線で表したものである。

この図では、タカギノカミの跡をオモイカネノカミが王位を継承したと想定している。

倭国及び倭国関係年表

時代
- 弥生中期後半（弥生中期後葉）: 0〜50
- 弥生後期（弥生後期前葉）: 50〜

王朝
- 0 前漢
- 新
- 後漢（50、100）
- 120 永寧 121 / 121 建光 122

年号
- 1 元始 5
- 6 居摂 8
- 8 初始 8
- 9 始建国 13
- 14 天鳳 19
- 20 地皇 23
- 23 更始 25
- 25 建武 56
- 56 中元 57
- 58 永平 75
- 76 建初 84
- 84 元和 87
- 87 章和 88
- 89 永元 105
- 105 元興 105
- 106 延平 106
- 107 永初 113
- 114 元初 120
- 122 延光 125
- 126 永建 132

皇帝
- -1 平帝 5
- 6 孺子嬰 8
- 9 王莽 23
- 23 淮陽王 25
- 25 光武帝 57
- 57 明帝(荘) 75
- 75 章帝 88
- 88 和帝 105
- 106 殤帝 106
- 106 安帝 125
- 125 少帝懿 125
- 125 順

中国新羅の倭国関係事件
- 9 新朝成立
- 25 後漢朝成立
- 57 倭国、漢に朝貢（漢委奴国王印）
- 59 新羅倭国と友誼
- 107 倭面土国漢に朝貢
- 123 新羅、倭と講和

倭国王
- 高木神　思金神
- 天照大御神
- 衰退時代　倭面土国(帥升)
- 中興

倭国の事件
- 40年頃　出雲国譲り
- 50年代　漢に朝貢（倭奴国）　倭国統一（倭奴国）（吉野ケ里遷都？）
- 70年代　荒神谷銅剣鋳造　倭面土国拡大　金印奴国衰退
- 107　漢に朝貢（倭面土国）
- 120年　邪馬壱国に改称　出雲銅器埋納　倭面土国滅亡

「記紀」の登場人物の推定年代
- スサノヲノミコト
- スセリヒメ
- オオクニヌシノミコト
- ヤエコトシロヌシノミコト
- オシホミミノミコト
- オモイカネノカミ
- タカギノカミ
- アマテラスオオミカミ
- ニニギノミコト
- スセリノミコト
- ホヲリノミコト
- ウガヤフキアワズノミコト
- イワレヒコ(ジンム)

著者略歴

後藤　幸彦（ごとう　ゆきひこ）

１９４７年　青森県青森市に生まれる。
１９７０年　弘前大学教育学部卒
神奈川県相模原市立小学校教論となる
１９８９年　吉野ヶ里遺跡発掘に刺激され、古代史研究に取り組む
１９９１年　邪馬台国に到達
１９９２年　卑弥呼の墓を発見
以後検証を続け、１９９９年に「倭国歴訪」（明窓出版）を出版
２０００年　持病のために退職し、以後は古代史研究に専念している

卑弥呼《ひみこ》の登場《とうじょう》

後藤幸彦《ごとうゆきひこ》

明窓出版

平成十四年七月十日初版発行
発行者――増本　利博
発行所――明窓出版株式会社
〒一六四―〇〇一二
東京都中野区本町六―二七―一三
電話　（〇三）三三八〇―八三〇三
FAX（〇三）三三八〇―六四二四
振替　〇〇一六〇―一―一九二七六六
印刷所――モリモト印刷株式会社

ISBN4-89634-102-3

ホームページ http://meisou.com　Eメール meisou@meisou.com

後藤幸彦の本

倭国歴訪

——倭人伝における倭の諸国についての考察

邪馬台国論の定説や常識が
徹底的に破壊されたとき
卑弥呼の都がその姿を現わす

本書は、邪馬台国の確定のみならず、高天原、金印奴国についても大胆な解決を示し、古代史に新しい道を拓いたものです。「卑弥呼の登場」と共にお読み下さい。

本体一三〇〇円＋税

歴史・古代史

後醍醐天皇―楠木正成 対 足利尊氏―

竹田日恵

天皇を知らずして楠木正成と足利尊氏は語れない！後醍醐天皇は、人類滅亡のフリーメーソン魔術力に対して、ただお一人で立ち向かわれたお方であった。日本が敗戦を迎えるまで、楠木正成は皇室を守る大忠臣として人間の範とされていたが、戦後は一転して、人民に歯向かう悪党の一人であった様に言いふらされてしまった。

四六判　本体　一五〇〇円

世界史の欺瞞（うそ）

ロベルト・F・藤沢

歴史はその国のその時代（流行）の正義に従って書かれ、自国のエゴイズムには気付かないままである。正義も善悪も時の流行！　善だろうと悪だろうと滅びる前にはひとしきり栄えるものだ。ヨーロッパ三〇〇年にわたる国家主義と国際主義の模索と確執。

四六判　本体　一二〇〇円

ノンフィクション

うちのお父さんは優しい
―検証・金属バット殺人事件―

鳥越俊太郎　後藤和夫

テレビ朝日『ザ・スクープ』で放映。衝撃の金属バット殺人事件の全貌。ジャーナリスト鳥越俊太郎の真相解明!!　制作ディレクター、渾身のドキュメント!!

四六判　本体　一五〇〇円

校則はいらない
親・子・教師で創った理想の公立中学校

岡崎正道

学校教育がさまざまな困難を抱え、教師たちが苦悩を深めている状況の中、奇跡とさえいえる中学校が存在する。親・子・教師で創った理想の公立中学校北松園中学校とは？！

四六判　本体　一五〇〇円

ジャーナリズム曠野紀行

伊藤光彦

全国図書館協会優良図書指定

私たちは時代の曠野を迷い歩いてきた。時代のあまりにも大きな嵐に出会って行き暮れている。しかし、今ならどこで最初に道を間違えたかがよくわかる。20世紀のどん詰まりの今日は、「古い」出来事の積み重ねの上にあり、古きを訊ねる作業により初めてそれを実証し得るのだ。

四六判　本体　一五〇〇円

北朝鮮と自衛隊
―日本海領海警備の攻防戦―

田中賀朗

北朝鮮来襲！　その時自衛隊は？？　1996年3月23日、我が国の日本海警備体制は崩壊した！　問題はどこにあったのか。韓国の防衛姿勢と比較しつつ、我が国防衛政策が抱える問題点を鋭く指摘した迫真の書

四六判　本体　一五〇〇円

脳死 ―― 私はこう思う ――

医学・法律・宗教の各界の有識者が語る脳死論。阿部正和・有賀喜一・小坂樹徳・竹内一夫・上野正彦・千葉康則・水野肇・本間三郎・太田和夫・加藤一郎・植松正・紀野一義・金岡秀友・観世栄夫・黒住宗晴・千家達彦・玉城康四郎・廣松渉　他。四六判　本体　一七〇〇円

男が決めた女の常識　**相徳昌利**

貴女は反発するかもしれない。でもこれが掛け値なしの僕達の本音です。二十代三十代のビジネスマン二百人が勝手に決めたなにがあってもゆずれない、女たちへの要求項目。

四六判　本体　一三〇〇円

女が決めた男の常識　**相徳昌利**

言いたい放題でごめんなさい！　でもこれが掛け値なしの私達の本音です。二十代三十代のＯＬ二百人が勝手に決めた時代は移り変わってもゆずれない、男たちへの要求項目。

四六判　本体　一三〇〇円

後に続く真の日本人へ～大東亜戦争の思い出

軍人恩給連盟浮羽郡支部 編

本書は、身を挺してわが国の未来のために戦い、そして戦後の復興を支えてきた日本人の心の記録である。善悪、正邪といった価値観にとらわれることなく読めるうえ、日本人として二十一世紀を生きる活力を与えてくれる。

Ａ五判　本体　一五〇〇円

教育・育児書

わが子に帝王学を
帝王学に学ぶこれからの教育　**堀川たかし**

全国図書館協会優良図書指定。子ども達のために、私達自身の修養のために。先生と生徒、親と子、夫と妻、あらゆる人と人との関係が軋（きし）んでいる今こそ、共通のベースとしなければいけない心構えがここにあります。

四六判　本体　一八〇〇円

心のオシャレしませんか　**丸山敏秋**

幼児開発に大切なのは「母親開発」です。具体的でわかりやすい内容で、すぐに役立つ事柄も多いでしょう。子育て中のお母さんお父さんはもちろん、広く世の女性に読んでいただきたい本です。（井深大ソニー名誉会長推薦）

Ｂ六判　本体　一二〇〇円

親と子のハーモニー　**丸山敏秋**

心のオシャレ・パートⅡ。現代社会で子どもたちに大事なものは何なのか、何が必要なのかを親としてしっかりと見極め、時流にただ流されるのではなく、自分の流儀で、信念をもった子育ての方針を立てることが大切。

Ｂ六判　本体　一二〇〇円

若き母親に贈る書　**大庭俊一郎**

親がいるために子が育たない！　この記録は、種々の報

道に右往左往する教育ママ達に大きな示唆を与えることでしょう。精神医学者が、幼児教育の大切さをあなたに。
B六判　本体　一三〇〇円

思想・哲学

よくわかる論語―やさしい現代語訳　**永井　輝**
全国図書館協会優良図書指定。
日本人は心の問題について真剣に考え直す時期に来ています。特に若い方々が道を見失い、心の支えが見付からなくて悩み迷った結果、ひどい事件を起こしたりしています。長い歴史を通して日本人の心の支えとなってきた『論語』を、もう一度みんなで読み返してみましょう。
四六判　本体　一三〇〇円

新／孔子に学ぶ人間学　**戸来　勉／河野としひさ**
苦労人、孔子の生涯を易しく表現。失敗の苦しみをなめつくしながらも、運命に屈することなく生きた孔子の生き方にこそ現代の学生やビジネスマンが学ぶ必要がある―早稲田大学総長・奥島孝康全国図書館協会優良図書指定。
B六判変形　本体　一〇〇〇円

近思録―朱子学の素敵な入門書　**福田晃市**
朱子学を学びたい人のための学習参考書。この一冊で、朱子学者への確実な第一歩を踏み出せる。そしてこの混迷した時代を、迷うことなく生きていけるようになる。
文庫版　本体　八八〇円

単細胞的思考　**上野霄里**
「勇気が出る。渉猟されつくした知識世界に息を呑む。日々の見慣れたはずの人生が、神秘の色で、初めて見る姿で紙面に躍る不思議な本」ヘンリー・ミラーとの往復書簡が４００回を超える著者が贈る、劇薬にも似た書。
四六判　本体　三六〇〇円

星の歌　**上野霄里**
―ヘンリー・ミラーを驚嘆させた男の最新作！
世界の芸術、思想界が注目する日本の隠者―「いちのせき」のUeno―この、天才に依って、「賢治」、「啄木」、「放哉」が、「ブレイク」、「ヴォルス」と共に、世界的視野のもと、全く新しい、輝く、星々の歌となった。
四六判　本体　一九〇〇円

成功革命　**森田益郎**
平凡な人生を拒絶する人たちへ。夢を実現し、成功するための知恵が、ここに詰まっています。「人間には、誰にでも、その人だけに与えられた使命というものがある。そのことに気づくかどうかで、いわゆる酔生夢死の一生で終わるか、真の意味で充実感のある人生を送れるのかが決まるのだ」　四六判　本体　一三〇〇円

生きることへの疑問
ありのままの自分でいきるための40章
永嶋政宏

「障害は人間を強くする不思議な力を持っています。そしてその強さとは、本当の弱さがわかる本当の強さだと思うのです」幼い頃から重いハンディを背負った著者が歩いた「心の旅の軌跡」四六判　本体　一三〇〇円

無師独悟
別府慎剛

この本を手にとってごらんなさい。そうです、それが本当のあなたなのです。この本は、悟りを求めて苦悩している人　悟りを求める以外に道がない人　その為には「読書百遍」もいとわないという心の要求を持った人に読んで頂けたらと願っています。

四六判　本体　一八〇〇円

社会評論

砂漠に雨を降らせよう
公害なき世界への転換
竹田　日恵／金子　茂

公害の元凶は大量生産と大量消費にあるのだから、国の経済が発展することと公害とは不可分の関係にある。今日の生存競争の激しい時代は、公害をなくすことは不可能であるといえる。人間の生存競争を強要した自由と平等の思想は、公害を生み出す真の悪魔といえよう。

四六判　本体　一三〇〇円

縄文杉の警鐘
三島昭男

「自然に反した生活をすれば、自分自身の健康を害するだけでなく、地球をも苦しめることになるのだ。自然の摂理にかなった生き方に帰ろう」〝緑のペン〟を朝日新聞に捧げた著者がいま、「七千年の縄文杉」を通して、人間と地球の危機に渾身の警鐘を打ち鳴らす！

B六判　本体　一四八〇円

二十世紀分析――宗教自滅・哲学成立
坂口三郎

亡国五〇年、主権在米。国民主権はどこに消えたのか。新党は新政策から生まれるものであり、代議士の頭数から生まれるものではない。二〇世紀最後の巨人、久々の獅子吼！

B六判　本体　一〇〇〇円

世界貿易機関（WTO）を斬る
鷲見一夫

本書は、WTO協定の単なる解説書ではない。主眼点は、むしろWTO体制の問題点（何もコメの市場開放だけではなく、人類社会に対する種々の経済的・社会的・環境的な影響等）を明らかにすることと、これへの対応策を摸索することにある。新潟大学教授渾身の告発。

四六判　本体　二三〇〇円

ゼネコンが日本を亡ぼす
古舘　真

「このままでは日本は十年もたない」元大手ゼネコン社員がその実態を緊急告発！　公共事業は本当に必要か。

日本の建設技術は本当に優秀なのか。「われわれがこれだけ莫大な金額の建設費を負担している事を知れば、現状に寛容でいられる人は殆どいなくなるだろう」

四六判　本体　一三〇〇円

『「NO」と言える日本』への反論　古舘　真

『「NO」と言える日本』シリーズでは企業、特に大手メーカーなど生産者の立場からの意見ばかりが目立つ。消費者や労働者の保護という視点が完全に欠落しているのだ。アメリカを非難することによって、いかにも強い者に立ち向かっているかのように見せかけてはいるが、単に経営者の味方であるに過ぎない。

四六判　本体　一三〇〇円

男女平等への道　古舘　真

「男は男らしくしなければならない」「女は女らしくしなければならない」という考え方は間違い無く性差別的思想なのだが、男性と女性のどちらかが常に得あるいは損をしているという訳ではない。「男女平等」の新説を唱える。

四六判　本体　一二〇〇円

迷走する経済大国　田中　満

年金、退職金がもらえなくなる。銀行、保険も危ない。愛国心も民族の誇りもなく、国益も考えない日本人。こんな日本に明日はあるのだろうか。気鋭の経営コンサルタントが、日本社会と経済の現状と未来を解き明かす警告の書。

四六判　本体　一三〇〇円

住民運動としての環境監視　畠山光弘

自らの健康を守るために。完全に手遅れになる前に今こそ立ち上がろう！誰にでもできる環境の監視方法を詳しく説明。産業廃棄物処理場問題に絡む住民運動を科学的側面から解説。家庭でもできるダイオキシン測定方法を紹介。

四六判　本体　一二〇〇円

黙ってられるか！　渡辺正次郎

アインシュタインは日本を神国と予言した／『日の丸』掲揚せぬ神社庁の堕落／キャリア官僚の犯罪は極刑にせよ！／法華経を唱えるヒトラー『池田大作』は亡国の徒／現憲法を破棄、日本国憲法をつくれ！／21世紀、日教組教員、左翼言論人に神の裁きが下る！

四六判　本体　一四〇〇円

大江健三郎《哲学的評論》
～その肉体と魂の苦悩と再生～
ジャン・ルイ・シェフェル著　菅原　聖喜訳

全国図書館協会優良図書指定。フランスの著名な文芸評論家によるノーベル賞作家大江健三郎の作品に関する詩的、哲学的批評。

四六判　本体　一七〇〇円

実用書・占い

懸賞達人への道—入門編—　**伏見の光**

実践すれば、懸賞生活に明るい未来がやってくる。大物ゲットも夢じゃない！　この本を読んで欲しいのは、「懸賞は好きなんだけど、なかなか当たらないなぁ」と思っている貴女です。懸賞に勝つのは、そんなに難しいことではなくて、ちょっとしたコツなのです。

四六判　本体　一二〇〇円

まっとうしませんか　ピンコロ人生
ピンピン生きて　コロリと往く！これこそ理想の生き方といえるのではないでしょうか。　**仲岡　健二**

日本は世界一の長寿国になりましたが、人生の終着駅に向かってこれからというときに忍び寄ってくる影、それが「呆け」、老人性痴呆症です。本当にこれから自分のやりたい事を始めようとした時に呆けてしまう。これでは何のための人生か。死ぬまでピンピンと生きるには…？

四六判　本体　一三〇〇円

さらば！　会社狂
—リストラ時代の逆転発想　**片岡幸生**

退職届けは絶対に出さない！　しかし、会社教（狂）からは脱会しよう！　世の中は錯覚のオンパレード。目覚めよ！　正しい人生設計のために。目からうろこのライフスタイルとは…？「理不尽な圧力を、一回我慢すれば40万円の利益に?!　人生で仕事が占める時間は、わずか20％！　定年後の時間は、仕事時間のなんと2倍近く?!」

四六判　本体　一三〇〇円

心易占い開運秘法　**波木　星龍**

恋愛・結婚・仕事・金運あなたの悩みを心易が解決する。時計ひとつでいつでもどこでも占える。実際の生活ですぐに役立つ占いの本。この1冊で、あなたの運命が変わるかも。

四六判　本体　一四〇〇円

ヒンドゥー数霊術
ハリシュ・ジョハーリ著　大蔵　悠訳

生まれ日から運命を解読する技法としてはヒンドゥー数霊術の右に出るものはない。性格はもちろん、人間関係、恋愛、結婚、健康などが恐るべき正確さで算定される。その的中率にあなたは大きな衝撃を受けることだろう。

四六判　本体　一五〇〇円

治癒のスイッチが入るとき　**東山明憲**

がんになることは決して特別な事ではない。私達の体内にはがん細胞がうようよしていて、ちょっとした事で悪いがんになってしまうし、良いがんのままでいることもできるのだから…。あらゆる方法から、病状、患者の性格、要望、体調などにあわせて、その人に最も適した治療を施すこと—それが私の目指す統合医療である。

新書判　本体　一二〇〇円

ケ・マンボ　～気軽なスペイン語の食べ方～

松崎新三

言葉をおぼえる一番の方法は、まず、彼の地に行くことです。そして、必要に迫られること。そこにメゲずに居続けられれば必ず何とかなるものです。そう「空腹は最良のソース」なのです。というわけで、腹ペコの僕が食べはじめたスペイン語の食べ方について書いてみました。

四六判　本体　一八〇〇円

旅行記・紀行文

アイ・ガッチャ　～振り返った、あめりか

田靡　和

「今度、ニューヨークへ行ってもらうから」この一言から『海外赴任』がはじまった。住んでみなければ分からない、アメリカのあんなことやこんなこと。異文化に触れて、時にはカルチャーショック、時には目から鱗といった毎日をコミカルに綴る。

四六判　本体　一三〇〇円

走った・迷った―節約モードで行く　ヨーロッパドライブ旅行

原坂　稔

西欧6千キロのドライブ。英、仏、独、伊をヨーロッパ初体験夫婦がレンタカーで行く。各地の普段着の味と地元の人情に触れる、ハプニング続出、1/200万地図での旅！

四六判　本体　一五〇〇円

薔薇のイランから　紫荊の香港から　――あなたへの手紙――

山藤恵美子

薔薇の花をこよなく愛する国イラン。紫荊が政庁の花である香港。両国に暮らした日本女性の日常を軽やかに綴る。唖然としたり、日本の良い点、悪い点を改めて思い知らされたり。異郷でのさまざまな体験が、人を成長させる。

四六判　本体　一六〇〇円

Oh！マイ　フィリピン～バギオ通信～

小国秀宣

南の島にこたつを持ちこみ 湯豆腐、メールもいいけれどフィリピンの軽井沢バギオの暮らしは こんなにもハートを暖めてくれた。窒息状態の日本が、がんじがらめで自らを追いつめている日本人が、謙虚に教えてもらうべきものが、フィリピンにはたくさんあったのだ。

四六判　本体　一五〇〇円

これでもか国際交流！！

岩野　賢／恵子・アルガイヤー

たった数行の電子メールでヨーロッパ演奏旅行に飛び出した。ど田舎＝島根県は川本町の郷土芸能「江川太鼓」を愛する若者たちが、太鼓をかついでひとっ飛び。三年連続、ドイツ各地で太鼓コンサート。その珍道中の全記録。

四六判　本体　一五〇〇円

あなたの知らないロンドン　小国愛子

ロンドンで暮らすのは恐ろしいことである。これは、何も治安が悪く、怯えて暮らさなくてはいけないということではない…。ロンドンへの脱出を計画中の人も、まったく予定なしの人も、読んで楽しいロンドンの素顔探索。

B六判　本体　一二〇〇円

パリ大好き少女へ　小国愛子

雑誌の書評でも大好評だった「あなたの知らないロンドン」の続編。最近再燃しているフランス熱に応えて、若い女性のパリ暮らしを徹底レポート。すべてのフランスびいきにおくるパリ生活教本。素顔のパリを体験できる六章。

B六判　本体　一二〇〇円

トルコ　イスラエルひとり旅　小林清次

旅に出よう！日本はあまりに狭すぎる。先進国より発展途上国を旅するほうが、発見も多く面白い。奥の深い文化の違いを理解すれば、狭かった視野が果てなく広がる。

四六判　本体　一二〇〇円

こまったロンドン　福井星一
―四十歳から一年間住んでみて

「先進国の都会」というイメージがピッタリで、歴史ある文化と最新ファッションの両方が楽しめる一度は行ってみたい町、ロンドン……。さてその住み心地は？

四六判　本体　一二〇〇円

成田の西　7100キロ　雫はじめ

旅慣れてなくても何とかなるよ。可笑し楽しいインド放浪記！　好敵手ブル、ヒゲアザラシを相手に、はるかな街へと旅は続く…。

四六判　本体　一三〇〇円

イギリス游学記　谷口忠志

ロンドンに留学した私は、ポーランド女性、アラと出逢った。二人で歩くオックスフォード・ストリート。散策を重ねたハイドパーク。祖国の違い、人種の違いに戸惑いながらも二人は歩み寄っていく。感涙のドキュメンタリー小説。そして、イギリスの経験をすべて綴った体験記。

四六判　本体　一六〇〇円

サンバの故郷《ふるさと》　緑の大地　中野義雄

戦後ブラジル技術移住者の放浪と流転の人生録。第1章ブラジル移住　第4章南米周遊の旅　第5章サンパウロからメキシコへ　第7章アメリカ周遊旅行　～第14章

四六判　本体　一六五〇円

八重山ひとり旅　たけざわ　まさり

石垣島、竹富島、波照島の青い海と豊かな自然が舞台。「女の一人旅」なんて言葉からイメージする優雅さとはかけ離れた、チープかつ大胆なトラベルエッセイ。地元の人や、旅行者との交流がラスト入りで描かれ、爆笑を誘う。

四六判　本体　一二〇〇円

絵本・作品集

大きな森のおばあちゃん　天外伺朗

「すべての命は、一つにとけ合っているんだよ」犬型ロボット「アイボ」の制作者が、子どもたちに大切なことを伝えたくてこんな物語を作りました。龍村仁監督推薦の言葉「象の神秘を童話という形で表したお話しです。地球を変えて来た私達は今、地球という大きな生命を傷つけています。今こそ象の知性から学ぶことがたくさんあるような気がするのです」四六判　本体　一〇〇〇円

みちこの春休み　羽田ひろこ

家族の大切さ、命の尊さをあらためて考えさせてくれる物語。「待ちに待った春休み。おじいちゃんのところへ、はじめてのひとり旅。坂道を上りきると、なつかしい門のまえにおじいちゃんが立っているのがわかった。どんなことをして遊ぼうかな…?」四六判　本体　八〇〇円

むかしむかしの夢の国　絵と文　鴨下典明

ロックと幻想よみがえる七〇年代。トラフィック、エドガーウインター、スプーキー　トゥースにはまった日々。七〇年代ブリティッシュインベイションを経験した世代が六〇年代英米ロックに触発され　描かれたイラストの数々今あらたな物語を得てよみがえる。

B五判変形　本体　一〇〇〇円

Beautiful Dreame Dolls　森　和明

なぜマネキン人形の顔のアップを狙って撮ったのか。街を行き交う人々が、通り過ぎながらふと目をやったりはしますが、立ち止まってしげしげと眺めることはあまりありません。マネキン人形もそれぞれ個性と主張がありますから、マネキン人形の顔のアップを、人間の女性の顔のように、リアルに撮影してみようと思いつきました。美しい夢のような顔に撮れていると思います。

A四判　本体　一五二四円

詩集・歌集

どらねこオリガの忠告　太田博也

「ポリコの町」「ドン氏の行列」などの独特なユーモアとファンタジーに富んだ数々の童話を生み出した鬼才、太田博也の叙事処女詩集。楽しい、面白い、切ない、もの哀しい、心洗われる——様々な気持ちを呼び起こされて、何度もくり返し読みたくなる永久保存版!

B五判　本体　一万円

谷蟆《たにぐく》は歌う　中島宝城

昭和天皇の大喪の礼、今上陛下の即位の礼、皇太子殿下の結婚式等の儀式を総括担当した宮内官、歌会始め委員の歌う短歌。団伊玖磨作曲による楽譜も収録。

四六判　本体　一八〇〇円